Peter Koller

Das touristische Potenzial
von Kam"janec'–Podil's'kyj

Eine fremdenverkehrsgeographische Untersuchung der Zukunftsperspektiven
und Maßnahmenplanung zur Destinationsentwicklung des
„ukrainischen Rothenburg"

Mit einem Vorwort von Kristiane Klemm

SOVIET AND POST-SOVIET POLITICS AND SOCIETY

ISSN 1614-3515

Recent volumes

Peter Koller

DAS TOURISTISCHE POTENZIAL VON KAM"JANEC'–PODIL'S'KYJ

Eine fremdenverkehrsgeographische Untersuchung der Zukunftsperspektiven
und Maßnahmenplanung zur Destinationsentwicklung des
„ukrainischen Rothenburg"

Mit einem Vorwort von Kristiane Klemm

ibidem-Verlag
Stuttgart

Bibliografische Information Der Deutschen Bibliothek

Die Deutsche Bibliothek verzeichnet diese Publikation in der Deutschen Nationalbibliografie; detaillierte bibliografische Daten sind im Internet über <http://dnb.ddb.de> abrufbar.

Coverbild: Die Festung von Kamjanec-Podilskij. © Peter Koller

∞

Gedruckt auf alterungsbeständigem, säurefreien Papier
Printed on acid-free paper

ISSN: 1614-3515

ISBN: 3-89821-640-3

© *ibidem*-Verlag
Stuttgart 2006
Alle Rechte vorbehalten

Printed in Germany

Inhaltsverzeichnis

Abstract in English

Peter Koller

The Tourist Potential of Kamyanets-Podil's'kiy

A Tourism-Geographic Investigation of the Future Perspectives and Measures Plan for the Development of the "Ukrainian Rothenburg"

With a foreword by Kristiane Klemm

Abstract

This book describes the great tourist potential and the situation of the tourism sector in a city in Western Ukraine that, because of its unique location on a steep rock overlooking the canyon of river Smotrych, surrounded by mighty fortress walls and crowned by a medieval castle, could be a major tourist destination in Europe.

In his study, done in August and September 2004 and illustrated by many photographs, Koller analyzes the strengths and the weaknesses of the historic city, the infrastructure and the surrounding landscapes. In a second step, he makes some inferences based on existing conceptions of the city administration. In his conclusion, he points out that the principal direction of the local authorities is right. But to be an internationally known tourist destination comparable to the legendary German city of Rothenburg the name of which is, in the German speaking countries, widely used as a synonym for historic cities in general, it is still a long way to go.

The author:

Peter Koller studied education and Polish at the University of Mainz and holds an MA in Tourism Management and Regional Tourism Planning from the

Free University of Berlin. Since 1992, he has been regularly travelling to Ukraine. He, by now, knows this country and its many, mostly unknown sights like few other people in Western Europe.

The foreword author:

Dr. Kristiane Klemm is Lecturer and Director of Regional Tourist Planning at the Willy Scharnow Institute of Tourism, Free University of Berlin.

Danksagung

Ein herzlicher Dank für ihre große Unterstützung geht an Frau Maria von Pawelsz-Wolf (Potsdam), Raissa Pavljukovyč und Nataša Košucharenko, (Kam"janec'–Podil's'kyj).

Peter Koller

Dezember 2005

Glossar tourismusgeografischer und -wirtschaftlicher Begriffe

Aktivtourismus

Bei Aktivtourismus steht die sportliche Betätigung in freier Natur im Vordergrund. Hauptbestandteile sind Wandertourismus, Radtourismus und Wassertourismus. In einzelnen Regionen zählt auch Bergsteigen, Klettern und Speleologie (Höhlenforschung) dazu. Um sich als Destination für Aktivtourismus profilieren zu können sind besondere infrastrukturelle Voraussetzungen nötig. Die Existenz von schönen Landschaften, Gewässern, Bergen oder Felsen allein, reicht nicht aus. Markierte Wanderwege, Felshaken, Radwege, Bootsverleihstationen, Berghütten oder Gastronomie im ländlichen Raum, um nur einige zu nennen, sind unabdingbare Voraussetzungen. Diese sind in der Ukraine bislang kaum vorhanden, weshalb diese sich als aktivtouristische Destination noch kaum profilieren konnte.

Allgemeine Infrastruktur

Unter "Allgemeiner Infrastruktur" wird alles verstanden, was die Versorgung der Bevölkerung sichert. Dazu zählen unter anderem Verkehrsinfrastruktur (Straße, Schiene) Technische Infrastruktur (Wasserversorgung, Straßenbeleuchtung), Bildungsangebote (Schulen, Universitäten) Freizeitinfrastruktur (Sportplätze, Naherholungsgebiete) und Kulturangebot (Theater, Museen). Damit dies alles funktionieren kann, sind Staatswesen, Verfassung, eine funktionierende Rechtsprechung sowie Normen und Werte zwingend erforderlich. Ein großer Hindernisfaktor hingegen sind eine schwach ausgeprägte Gewaltenteilung und infolgedessen auch Korruption.

Ankünfte

Absolute Zahl der ankommenden Gäste pro Zeiteinheit

Bauleitplanung

Bei der Bauleitplanung wird geplant und festgelegt, wie eine Bebauung auszusehen hat. Dabei sind Grundfläche, Geschossfläche, Traufhöhe, Dachgestalt und die vorgesehene Nutzung entscheidend. Auch die Auswahl der Baumaterialien ist von Bedeutung. Die Grundlage hierfür ist die Vorgabe, dafür zu sorgen, dass ein Gebäude sich in die vorhandene Umgebung möglichst harmonisch einfügt. Näheres wird im Bebauungsplan und Flächennutzungsplan geregelt. Dies gilt in besonderem Maße für Investitionen im Tourismusbereich.

Bestandsanalyse

Die Bestandsanalyse, zu der auch die Ortsbildbewertung gehört, analysiert das Vorgefundene. Dazu zählen: die Bewertung der allgemeinen, wie der touristischen Infrastruktur, die Einkaufsmöglichkeiten und das kulturelle Angebot. Die Bewertung erfolgt nach vorher festgelegten Skalen oder nach Schulnoten.

Corporate Identity

Corporate Identity, auch als Markendurchdringung bezeichnet, ist das vollständige Verinnerlichen der Marke durch alle Leistungsträger der jeweiligen Branche. Diese kommt nach außen durch ein Corporate Design, also ein einheitliches Erscheinungsbild in Logo und Druckerzeugnissen zum Ausdruck. Für den Kunden schafft dieses einen Wiedererkennungswert.

Destination

Als Destination (vgl. englisch/französisch: destination: Richtung, Ziel) werden alle Orte oder Regionen bezeichnet, die von Touristen aufgesucht werden. Dies ist zunächst unabhängig von der tatsächlichen Zahl der Gäste. Um die Attraktivität einer Destination zu steigern und somit die Gästezahl zu erhöhen gibt es vor Ort häufig ein Destinationsmanagement. Diese geben touristische Entwicklungskonzepte in Auftrag und entwerfen Marketingstrategien.

Dienstleistungsgedanke

Tourismus ist Teil des Dienstleistungssektors. Dabei steht der Kunde und dessen Bedürfnisse im Vordergrund. Dabei ist die Einsicht ausschlaggebend, dass nur ein zufriedener Kunde auch wiederkommen wird, bzw. ein Unternehmen oder eine Destination auch weiterempfiehlt. Was den Dienstleistungsgedanken betrifft herrscht in der Ukraine ein großer Nachholbedarf.

Dorftourismus

Dieser wird auch als grüner Tourismus bezeichnet und versucht, Gäste in Regionen zu locken, die ansonsten als eher unattraktiv gelten und somit touristisch weniger entwickelt sind. Dabei wird mit intakter Natur und der Möglichkeit, landwirtschaftliche Betriebe hautnah zu erleben, geworben. Hauptzielgruppe hierfür sind erholungssuchende Städter und Familien mit Kindern.

Dabei wird unterschieden zwischen Urlaub auf dem Lande und Urlaub auf dem Bauernhof. Letzterer setzt die Existenz eines landwirtschaftlichen Betriebes mit Tierhaltung voraus. Für die weithin ländlich geprägte Ukraine gilt das Konzept des Dorftourismus als Konzept der Zukunft. Bislang ist es jedoch nur schwach entwickelt. Beispielhaft in dieser Beziehung ist Frankreich.

Ferienstraße

Eine Ferienstraße ist eine Werbegemeinschaft mehrerer Kleindestinationen, die auf dem Markt allein nicht lebensfähig wären. Durch eine gemeinsame Marketingstrategie kann man auch von einer Verbindung dieser Kleindestinationen zu einer Großdestination sprechen. Dadurch werten sich diese nicht nur gegenseitig auf, sondern es werden auch Synergieeffekte genutzt. Die Aufnahme ist diese Werbegemeinschaft ist dabei an bestimmte, zu erfüllende Bedingungen geknüpft.

Ferienwohnung

Hierbei steht dem Gast eine komplett eingerichtete Wohnung mit Küche zur Verfügung. Vor allem für Familien und kleine Gruppen ist dies eine der preiswertesten Unterkünfte. In der Ukraine wurde mit dem Aufbau eines Systems von Ferienwohnungen begonnen.

Generation 50+

Auf Grund der soziodemographischen Entwicklung kommt der Altergruppe 50+ eine immer stärkere Bedeutung zu. Grund dafür ist häufig eine bereits bestehende große Reiseerfahrung, wie auch deren vorhandene finanzielle Möglichkeiten. Diese Gruppe wird auch als "Best-Agers" bezeichnet.

Grüner Tourismus

Siehe Dorftourismus.

Haupturlaubsreise

Der Begriff Haupturlaubsreise ist im Grunde selbsterklärend. Dabei wird davon ausgegangen, dass es neben der Haupturlaubsreise, die meist im Sommer stattfindet noch mehrere Kurzurlaubsreisen gibt. Der Trend geht dabei von der einen Haupturlaubsreise zu mehreren kleineren Urlaubsreisen. Dies ist für Kulturdestinationen von entscheidender Bedeutung.

Hotel

Ein Hotel verfügt im allgemeinen über einen Empfang und eine Lobby. Außerdem ist eine eigene Gastronomie vorhanden. Das Frühstück ist im Übernachtungspreis mit inbegriffen. Eine Mischform aus Hotel und Pension ist das Hotel Garni. Hier wird nur Frühstück angeboten. Obwohl keine Mindest-Bettenzahl vorgeschrieben ist, erfolgt die Erwähnung in den amtlichen Beherbergungsstatistiken in Deutschland erst ab 8 Betten. Je nach Qualität des Hotels ist eine Zertifizierung mit ein bis fünf Sternen möglich. Von diesem internationalen Standart sind viele Hotels in der Ukraine noch weit entfernt.

Individualreise

Jede Reise, die ohne Zuhilfenahme eines Veranstalters oder Reisebüros gebucht wird, wird als Individualreise bezeichnet. Hauptanreiseverkehrsmittel ist dabei der eigene PKW. Grundsätzlich herrschen im Inlandsreiseverkehr die Individualreisen vor, während bei Auslands- oder Fernreisen häufiger auf Pauschalangebote zurückgegriffen wird.

Jugendherberge

Jugendherbergen entstanden gegen Ende des 19. Jh. in Deutschland aus der Wandervogelbewegung heraus, um jugendlichen Wanderern eine preiswerte Unterkunft zu bieten. Dafür hatte der Gast einige gemeinnützige Tätigkeiten im Haus zu übernehmen. In Deutschland sind Herbergen diesen Typs kaum noch vorhanden. Vielmehr dienen die heute noch vorhandenen Herbergen vermehrt als Gruppenunterkünfte für Schulklassen oder als Tagungshäuser.

In der Ukraine wurde mit dem Aufbau eines Jugendherbergssystems begonnen. Deren Preise sind jedoch im Vergleich zu einfachen Hotels relativ hoch.

Kulturtourismus

Im Kulturtourismus steht das Besichtigen kulturhistorischer Sehenswürdigkeiten, aber auch der Besuch kultureller Veranstaltungen, wie Konzerte oder Theateraufführungen im Vordergrund. Hauptzielgruppe hierfür ist die Altergruppe 50+

Kurzurlaub

Als Kurzurlaub werden Urlaubsreisen von weniger als 5 Übernachtungen gezählt. Für Kulturdestinationen sind die Kurzurlaubsreisenden die Hauptzielgruppe.

Marke

Im Tourismus ist es das oberste Ziel sich als Marke etablieren zu können. Sowohl Reiseveranstalter als auch Destinationen können sich zu Marken entwickeln. Die Existenz einer Marke vermittelt dem potenziellen Kunden ein besonderes Sicherheitsgefühl und erzeugt Vertrauen, das sich bei der Produkt - Preispolitik wiederum positiv für das Unternehmen auswirken kann.

Marktforschung

Marktforschung wird im Tourismus insbesondere bei der Angebotsplanung verstärkt eingesetzt. Dabei wird davon ausgegangen: je genauer die Zielgruppe bekannt ist, um so besser kann das jeweilige Angebot geplant werden. Einige der bekanntesten Untersuchungen sind Reiseanalyse, Reisemonitor, Euromonitor oder Touristscope. Diese sind in der Branche hochbegehrt, da sie über ein hohes Maß an Validität und Reliabilität verfügen. Sie beinhalten Aussagen über das Reiseverhalten in der Vergangenheit und wagen einen Blick in die Zukunft. Somit können wertvolle Trends erfasst werden, die den Planungsprozess erleichtern. Dabei werden sowohl face-to-face Interviews als auch telefonische Befragungen durchgeführt. Die Auswahl der zu Befragenden erfolgt über zumeist in Form einer "geschichteten Zufallsauswahl".

Marktsesegmentierung

Marktsegmentierung ist die Einteilung des Marktes in potenzielle Zielgruppen. Für diese Zielgruppen wird danach eine Marketing- und Vertriebsstrategie entwickelt. Dabei ist entscheidend den Markt soweit zu segmentieren, dass die Bedürfnisse der jeweiligen Zielgruppe bedient werden können, ohne jedoch die Übersicht zu verlieren.

Nationalpark

Ein Nationalpark ist eine besonders geschützte Naturregion in der die Natur sich weithin ungestört von menschlichen Einflüssen entwickeln kann. Dabei gibt es immer einen Kernbereich, zu dem der Mensch keinen Zutritt hat. Andere Bereiche hingegen dienen der Erholung durch nachhaltige Formen des Tourismus. Bekannte Beispiele in Deutschland sind der Nationalpark Bayerischer Wald, Nationalpark Wattenmeer oder die sächsische Schweiz. Man bezeichnet diese auch als Großschutzgebiete. Weitere Arten von Großschutzgebieten sind Naturparks und Biosphärenreservate. Bei Naturparks steht der Erholungsgedanke und damit die touristische Nutzung im Vordergrund, während das Biosphärenreservat eine über Jahrhunderte gewachsene Kulturlandschaft darstellt. Beispiele für Biospärenreservate in Deutschland sind die Schorfheide, nordöstlich von Berlin oder der Pfälzer Wald. Häufig informieren Besucherzentren vor Ort über die Besonderheiten der Region.

In der Ukraine gibt es unter anderem den Karpaten-Nationalpark und den Nationalpark Podil's'ki Tovtry. Nach Einschätzung des Autors handelt es sich bei letzterem - zumindest nach westlicher Definition - eher um ein Biosphärenreservat.

Nachhaltiger Tourismus

Der Nachhaltige Tourismus entwickelte sich aus dem Begriff des "sanften Tourismus" infolge der Thesen des österreichischen Zukunftsforschers Robert Jungk. Dabei wurde ein bewusster Gegenpol zu dem als hart empfundenen Massentourismus, wie er beispielsweise am Mittelmeer oder in den Skigebieten der Alpen besteht, erzeugt.

Umweltpolitische Leitlinien stehen dabei - unter dem Eindruck einer immer stärker werdenden Umweltzerstörung - im Vordergrund. Besonders in der Kritik stehen dabei die immer weiter steigende Zunahme des Flugverkehrs und der dadurch bedingten Emissionen von Treibhausgasen. Als Ideal gilt, dass der erholungssuchende Mensch kaum sichtbar wird.

Da dies für die Tourismusindustrie kaum machbar erscheint, entstand im Laufe der 90er Jahre der Begriff "nachhaltiger Tourismus" infolge des Rio / Kyoto - Prozesses. Dabei wird versucht, mittels einer umweltgerechten Tourismusplanung die Schäden, die der Tourismus erzeugt, so gering wie möglich zu halten. Dies kann erreicht werden, durch Einsatz moderner Technologien zur Energieeinsparung, landestypische Architektur, Ausweisung von Naturschutzgebieten bzw. Schaffung von Ersatz- und

Ausgleichsflächen. Auch moderne, integrierte Verkehrskonzepte sind Teil einer solchen Planung. Nahezu alle Konzerne der Branche versuchen mittlerweile den Umweltschutzgedanken in ihre Planung miteinzubeziehen. Der wichtigste Lobbyverband im Bereich des nachhaltigen Tourismus ist das "Forum anders reisen". Eines der Hauptanliegen dieses Verbandes ist es, die Auswirkungen des Flugverkehres zu vermindern, bzw. einen finanziellen Ausgleich für Klimaschäden durch Flugverkehr erreichen.

Ortsbildbewertung

Die Bewertung des vorgefundenen Ortsbildes ist Teil der Bestandsanalyse einer Destination. Dabei wird das Ortsbild u.a. nach folgenden Kriterien beurteilt: Fassadengestaltung, Fensterfronten, Dachlandschaften, Traufhöhe, Nutzung der Gebäude, Ortseingänge, weiche oder harte Grenzen der Bebauung, Art der Straßenmöblierung, Straßenbelag, Ruhe- und Kontakträume, Vorhandensein von Merkzeichen. Das Ergebnis ist eine der Grundlagen für die Einschätzung des touristischen Potenzials oder gegebenenfalls auch eine Grundlage der Maßnahmenplanung.

Pauschalreise

Eine Pauschalreise wird bei einem Reiseveranstalter gebucht und umfasst mindestens 2 Bestandteile. Somit ist z.B. ein Flug nach Mallorca mit Hotelbuchung bereits als Pauschalreise zu bezeichnen. Sobald eine Pauschalreise gebucht ist, treten auch die Vorschriften des Reiserechts in Kraft. Der aktuelle Trend ist die "Individuelle" Pauschalreise", bei der die Leistungen nach dem Bausteinprinzip zusammengestellt werden.

Pension

Eine Pension ist ein privat geführter Beherbergungsbetrieb, bei dem zumeist nur Frühstück angeboten wird. Der Standard ist niedriger als der eines Hotels, aber auch die Preise sind niedriger. Nach westlicher Beurteilung ist somit für viele Hotels in der Ukraine die Bezeichnung Pension treffender. Pensionen, die diesem Namen auch tragen - nicht zu verwechseln mit den post-sowjetischen Pensionaten - gibt es in der Ukraine bislang kaum.

Positionierung

Bei der Positionierung steht die Frage im Vordergrund: wo steht das Unternehmen auf dem Markt. Dabei wird unterschieden zwischen der klassischen und der aktiven Positionierung. Bei der klassischen Positionierung wird im wesentlichen nach den Gesichtspunkten Preis-Leistung geurteilt. Man könnte auch sagen: ein Produkt *wird* positioniert. Bei der aktiven Positionierung ist - wie der Name sagt - das Unternehmen selbst aktiv und versucht, Akzente zu setzen, indem auf latente Bedürfnisse der zu erwartenden Kundengruppe gesetzt wird.

Reiseintensität

Die Reiseintensität eines Volkes, oder einer Bevölkerungsgruppe ist der Prozentanteil derjenigen, die innerhalb eines Jahres eine Urlaubsreise durchgeführt haben. Bei der Reiseintensität liegen die Deutschen an erster Stelle. Somit ist für das Destinationsmanagement der deutsche Markt von entscheidender Bedeutung.

Soziodemografie

Die Soziodemografie setzt sich mit Alter, Geschlecht, Bildung, Herkunft sowie Normen und Werten einer Personengruppe auseinander und versucht innere Zusammenhänge zwischen diesen Attributen herzustellen. In der Tourismusplanung wird vermehrt auf die soziodemographischen Merkmale des typischen Besuchers, die durch Marktforschung ermittelt werden, zurückgegriffen, um die Bedürfnisse des Gastes weitestgehend zu befriedigen.

Staatliche Tourismusverwaltung der Ukraine

(Deržavna turystyčna administracija Ukrajiny) Diese ging aus dem staatlichen Komitee für Tourismus hervor und untersteht dem Ministerium für Kultur und Tourismus. Diese betreibt unter anderem das Auslandsmarketing des Landes und wertet aktuelle Trends und Statistiken aus. Insgesamt muss jedoch gesagt werden, dass die Arbeit dieses Amtes noch Mängel aufweist.

Städtetourismus

Städtereisen sind meist Kurzurlaubsreisen und sind ein großer Wachstumsmarkt. Während die klassische Kulturreise eher für die ältere Generation von Bedeutung sind, werden Städtereisen häufig auch von der jüngeren Zielgruppe durchgeführt. Dies gilt insbesondere für Metropolen, wie etwa Berlin oder Paris. Mittelfristig bestehen auch für die ukrainische Hauptstadt Kyjiv gute Chancen, sich als Destination für Städtereisen zu positionieren.

Stärken /Schwächenprofil

Ein Stärken / Schwächenprofil stellt die Ergebnisse der Bestandsanalyse grafisch dar. Verwendet wird hierfür eine Skala, in welche die Ergebnisse der Analyse als Punkte eingetragen werden. Diese Punkte werden danach miteinander verbunden. Anhand des Ergebnisses lässt sich mit einem Blick der Handlungsbedarf ablesen.

Studienreise

Die Studienreise ist eine besondere Form der Pauschalreise, bei welcher der Aspekt der Wissensvermittlung durch einen Reiseleiter im Vordergrund steht. Der typische Studienreisende gehört der Gruppe 50+ an und hat zumeist eine höhere Schulbildung. Die Gruppengröße umfasst selten mehr als 20 Personen und die individuelle Betreuung der Gäste steht im Vordergrund. Der Reiseleiter ist dabei gefordert, nicht nur hohes Fachwissen, sondern auch psychologische Fähigkeiten mitzubringen. Die Reisepreise umfassen dabei meist der gehobene Segment.

SWOT - Analyse

Die SWOT - Analyse ist Teil des strategischen Marketingprozesses und steht für:

- Strengths (Stärken)

- Weaknesses (Schwächen)

- Opportunities (Chancen)

- Threads (Risiken)

Gewissermaßen ist diese also eine erweiterte Stärken / Schwächenuntersuchung, das die Maßnahmenplanung und deren Verwirklichungschancen miteinbezieht.

Tagesgäste

Tagesgäste verbringen nur wenige Stunden in der jeweiligen Destination. Häufig handelt es sich dabei im Busreisende oder Transitreisende. Die Zahl dieser Gäste ist relativ schwer ermittelbar und der wirtschaftliche Nutzen für eine Destination eher gering, während die Umweltschäden, etwa durch hohes Verkehrsaufkommen nicht zu unterschätzen sind. Dennoch spielen die Tagesgäste einerseits als Werbeträger ("...da musst Du unbedingt auch mal hinfahren..."), aber auch als potenzielle Übernachtungsgäste für das Tourismusmanagement eine große Rolle. Damit es zu solchen Weiterempfehlungen oder zu Wiederholungsbesuchen kommt ist der erste Eindruck einer Destination von entscheidender Bedeutung. Ziel einer jeden Destination ist es, die Aufenthaltsdauer eines Besuchers zu verlängern.

Tourismus als Wirtschaftsfaktor

Gerade in strukturschwachen Regionen, zu denen man das Gebiet Chmel'nyc'kyj getrost zählen kann, kommt dem Tourismus bei der Ankurbelung der regionalen Wirtschaft eine große Bedeutung zu. Folgende Branchen und Personenkreise profitieren besonders:

- Hotel- und Gastgewerbe

- Einzelhandel vor Ort

- Souvenirhandel

- lokale Industrie und Handwerksbetriebe

- die Bevölkerung (auf Grund einer besseren Infrastruktur)

- die lokale Kulturszene

- die Stadt (durch Steuereinnahmen)

Bei grünem Tourismus kommt es zudem zu einer Verbesserung der finanziellen Situation für die oftmals verarmte Landbevölkerung. Durch Übernachtungsmöglichkeiten auf dem Bauernhof, durch Gastronomie im ländlichen Raum oder Strauswirtschaften oder durch Hofläden zum Vertrieb eigener Produkte können neue Einnahmequellen erschlossen werden und somit der Prozess der Abwanderung in die großen Städte oder in das westliche Ausland gestoppt werden.

Tourismusentwicklung

Tourismusentwicklung umfasst die Entwicklungsplanung bereits bestehender oder künftiger Destinationen. Dies betrifft sowohl die Angebotsplanung, wie auch Marketingkonzepte. Sie ist vor allem dann nötig, wenn gesellschaftliche Tendenzen oder Ansprüche sich ändern. Im Falle der Ukraine bedeutet Tourismusentwicklung in erster Linie Basisarbeit, da weite Teile der Landes bislang überhaupt nicht erschlossen sind. Voraussetzung für die Tourismusentwicklung ist die Existenz eines Touristischen Leitbildes.

Tourismusverband

Tourismusverbände sind regionale oder überregionale Zusammenschlüsse von Leistungsträgern der Tourismusbranche. Dazu zählen sowohl die öffentliche Verwaltung, wie auch privatwirtschaftliche Betriebe, wie z.B. Hotels oder Gaststätten. Die Mitglieder des Verbandes zahlen Beiträge und profitieren dafür von den Serviceleistungen des Verbandes. Dazu zählen gemeinsame Marketingauftritte oder Vermittlung von Dienstleistungen der Mitglieder. Zu den wesentlichen Aufgaben eines Tourismusverbandes zählt das Entwickeln von Marketingkonzeptionen, die Herausgabe und Druck von kostenlosem Infomaterial für die Gäste der Destination und das Betreiben einer Touristinformation.

Touristinformation

Eine Touristinformation ist d e r Ansprechpartner für Gäste der Destination. Hier erhalten die Gäste alle nötigen Informationen, werden Unterkünfte vermittelt oder können Fahrkarten oder Theaterkarten erworben werden. Eine Touristinformation sollte an Orten stehen, die von Gästen häufig frequentiert werden. Diese können Bahnhöfe, Flughäfen, aber auch zentrale Punkte der Innenstädte sein.

Touristische Infrastruktur

Die Touristische Infrastruktur ist der Teil der Infrastruktur, der vorwiegend von den Gästen der jeweiligen Destination in Anspruch genommen wird. Dies sind beispielsweise: Wanderwege, Radwege, Bootsverleih, Museen, Erlebnisparks, Bergbahnen, Freizeitbäder und vieles mehr. Dabei ist zu beobachten, dass das Freizeitangebot touristisch relevanter Destinationen oftmals sehr viel höher ist, als das, von nicht-touristischen Gemeinden oder Regionen. Bei der Planung sollte darauf geachtet werden, dass auch die ortsansässige Bevölkerung die vorhandenen Angebote wahrnehmen kann.

Touristisches Leitbild

Das Touristische Leitbild ist eine der Grundvoraussetzungen einer effektiven Tourismusplanung. Es beruht auf 4 Fragestellungen:

- Wo stehen wir?
- Wo wollen wir hin?
- Wie können wir das erreichen?
- Was sind unsere übergeordneten Grundsätze?

Touristisches Leitsystem

Das Touristische Leitsystem hilft einem Gast, sich vor Ort zurecht zu finden. Dies können Ausschilderungen, markierte Wanderwege, Informationstafeln, öffentlich   aushängende   Stadtpläne   oder   Hinweise   auf

Übernachtungsmöglichkeiten sein. Touristische Leitsysteme sind in der Ukraine bislang schwach entwickelt.

Touristisches Potenzial

Unter "Touristischem Potenzial" wird die theoretische Möglichkeit, beispielsweise durch das Vorhandensein besonderer landschaftlicher oder architektonischer Besonderheiten einer Destination, für Gäste attraktiv zu werden, verstanden. Ob aus diesem Erfolgspotenzial auch ein Erfolgsfaktor wird, hängt davon ab, in wie weit dieses Potenzial genutzt wird. Hierfür ist wiederum das Destinationsmanagement zuständig, um eine effektive Tourismusplanung einzuleiten.

Trends

Vor folgenden Trends, die in Westeuropa seit einiger Zeit zu beobachten sind, wird sich auch die Ukraine nicht dauerhaft verschließen können:

- verstärkte Tendenz zur Individualreise
- zunehmende Erwartungshaltung bzgl. der Servicequalität
- Gereration 50+ als immer größer werdende Zielgruppe
- verstärkter Trend zum Zweit- und Dritturlaub.
- verstärkter Ruf nach intakter Umwelt und Landschaft
- Genuss des Authentischen und Landestypischen

Übernachtungsgäste

Siehe Tagesgäste.

Umweltverträglichkeitsprüfung

Jedes Bauprojekt ist ein Eingriff in die Natur. Bei der Umweltverträglichkeitsprüfung wird begutachtet, in wie weit Natur, Fauna, Flora und das Landschaftsbild beeinträchtigt werden. Diese

Umweltverträglichkeitsprüfung ist Teil des Genehmigungsverfahrens. Je nach Ergebnis ist unter Umständen die Planung zu verändern. Zudem werden Ersatz- oder Ausgleichsmaßnahmen für die zerstörte Natur vorgeschrieben.

„Wildes Zelten"

Auf Grund der nicht vorhandenen Zeltplätze kommt dem wilden Zelten in der Ukraine eine starke Bedeutung zu. Im Gegensatz zu den meisten anderen Ländern ist dies hier auch völlig legal. Bei angemessenem Verhalten seitens der Camper ist auch in ökologischer Hinsicht wenig dagegen auszusetzen. Da es jedoch den Campern häufig an Umweltbewusstsein fehlt, bleiben häufig große Mengen von Müll vor Ort zurück, weshalb des wilde Zelten eher kritisch zu bewerten ist. Das planmäßige Anlegen von Campingplätzen sollte also vorangetrieben werden.

Zeltplätze

Zeltplätze, wie man sie aus Deutschland kennt sind in der Ukraine bislang unbekannt. Lediglich "Turbazy" sind zu finden. Dort wird jedoch in festen Holzhütten übernachtet. Das Einrichten von Zeltplätzen ist jedoch vielerorts geplant.

Zielgruppe

Durch Marktforschung wird die jeweilige Zielgruppe herausgefunden. Dabei unterscheidet man Kernzielgruppen und Randzielgruppen. Wenn diese bekannt sind, kann das Angebot um so effektiver geplant werden. So kann für eine Destination, die überwiegend von Rentnern mit einfacher Schulbildung besucht wird die Organisation eines Festivals für volkstümliche Musik sehr zielführend sein. Wird die Destination jedoch eher von jüngerem Publikum besucht, wäre ein Rockfestival eher anzuraten.

Vorwort

Das vorliegende Buch ist aus einer Masterarbeit des postgradualen Ergänzungsstudienganges: „Tourismusmanagement und Regionale Tourismusplanung" des Willy Scharnow Instituts für Tourismus der Freien Universität Berlin, hervorgegangen. Der Autor schildert zunächst in einer sehr persönlich
gehaltenen Einleitung in beeindruckender Weise und mit großem persönlichen Engagement, welches im gesamten Buch deutlich zum Ausdruck
kommt, warum er sich mit dem touristischen Potenzial dieser für deutsche
Verhältnisse sehr unbekannten Stadt befasst hat.

Ziel des vorliegenden Buches ist es, das touristische Potenzial in einem osteuropäischen Staat darzustellen und auf die zahlreichen Probleme der sehr
langsamen und schwierigen Entwicklung in dieser ehemaligen Sowjetrepublik
hinzuweisen.

Der Autor legt eine klare dreiteilige Gliederung vor:

in Teil I stellt er die Rahmenbedingungen für den Tourismus vor und beschreibt die Geschichte der Ukraine und die sowjetische Periode.

In Teil II wird das gesamte touristische Potenzial der Stadt Kam"janec'-
Podil's'kyj in allen seinen Facetten vorgestellt. Dabei wird auch die überaus
reizvolle, bislang jedoch touristisch noch weitgehend unerschlossene Umgebung der Stadt miteinbezogen. Dieser Teil ist zugleich der Hauptteil des Buches.

Der kürzere Teil III „Entwicklungsplanung" wird auf der Basis eines bereits
vorliegenden touristischen Entwicklungsplans der Stadtverwaltung von
Kam"janec'–Podil's'kyj entworfen, welcher an vielen Stellen kritisch hinterfragt
wird. Dabei kommen vor allem die Aspekte Infrastruktur, Suprastruktur, Sa-
nierungsmaßnahmen, weitere kulturelle Angebote sowie die Organisation zur
Sprache. In diesem Zusammenhang werden erste Ansätze einer künftigen
Marketingplanung der Destination entwickelt. Die Projektidee einer Ukrainischen Burgenstraße ist dabei als sehr zielführend zu beurteilen.

Sehr beeindruckend schildert der Autor - durch umfangreiche eigene Recherche vor Ort - nicht nur die vorhandenen Voraussetzungen sondern vor allen Dingen auch die Gesamtproblematik der derzeit noch mangelhaften Infrastruktur. Darüber hinaus werden auch die tourismusrelevanten Akteure vor Ort unter die Lupe genommen und die touristische Planung – sowie die Nachfragesituation – dargestellt.

Auf Grund seines hohen persönlichen Engagements, seiner zahlreichen kritischen Reflexionen im Hinblick auf die vorgefundene Situation und seiner Fachkenntnis gelingt es dem Autor, eine Grundlagenuntersuchung zur Tourismusentwicklung am Beispiel einer osteuropäischen Stadt/Region vorzulegen.

Stil und Ausdrucksweise des Buches führen zu einer sehr guten Lesbarkeit und sorgen dafür, dass bei allen Lesern, wie auch bei den politischen Entscheidungsträgern vor Ort, denen die Studie vorgelegt wird, ein tiefergehendes Verständnis für diese Materie entstehen kann.

Dr. Kristiane Klemm

Willy Scharnow Institut für Tourismus

Freie Universität Berlin

Abbildungsverzeichnis

Einleitung

Es war im Jahr 1992, als ich mit der Ukraine erstmalig in Berührung kam –
als Reiseziel zweiter Wahl. Von einer seltsamen Krankheit, namens Gorbi-
manie befallen, wollte ich nach Abschluss meines Zivildienstes die ehemalige
Sowjetunion, insbesondere Russland kennen lernen. Eine Route, die mich
unter anderem in den Kaukasus, an die Wolga und nach Moskau führen
sollte, war bereits ausgearbeitet. Der einzige verbleibende Schönheitsfehler
war das fehlende russische Visum. Also fuhr ich „nur" in die Ukraine, deren
Einreisebestimmungen damals vergleichsweise liberal waren.

Hier lernte ich Freunde kennen, die mir das Land, die Leute und deren Le-
bensgewohnheiten näher brachten. Zahlreiche gegenseitige Besuche folgten
und mit der Zeit begann ich zu verstehen, dass es sich bei der unabhängigen
Ukraine um weit mehr, als nur ein Anhängsel von Russland handelt, sondern
dass diese sehr wohl über eine eigene Kultur, eine eigene Geschichte und
eine eigene Sprache verfügt.

Ich besuchte landestypische „Banjas", feierte mit Kiewer Studenten Geburts-
tag und Hochzeit, fuhr gemeinsam mit der einheimischen Bevölkerung in
überfüllten Bussen, bestach Schaffner, um doch noch in den ausgebuchten
Zug auf die Halbinsel Krim zu kommen, stand nach Brot an und bezahlte zur
Zeit der Hyperinflation Anfang der 90er Jahre mit Millionenbeträgen.[1]

Auch in kulinarischer Hinsicht lernte ich erstaunliche Dinge: dass Kompott
etwas zum Trinken ist, dass zu einem guten Frühstück Fleisch, Bratkartoffeln
und saure Sahne, aber keinesfalls Kaffee gehören und dass rohe Knoblauch-
zehen gut schmecken.

Vor allem aber erkannte ich, dass das Land auch als touristische Destination
Potenziale birgt, die man nicht unterschätzen sollte: Die Halbinsel Krim, die
ukrainischen Karpaten und historische Städte wie Kyjiv und L'viv sind auch im
Westen ein Begriff. Weite Teile des Landes sind jedoch touristisch nach wie

---

[1]   Mehr über die Reisen des Verfassers ist unter http://www.tour-ost.nacht-wind.de
       zu finden

vor weitgehend unerschlossen. So auch die Region Kam"janec'–Podil's'kyj.

Die erste Begegnung mit dieser Stadt erfolgte während einer Zelttour durch die Westukraine im Sommer 1993 gemeinsam mit meinen ukrainischen Freunden Valerij und Anatolij – und es war so etwas wie Liebe auf den ersten Blick für diese Stadt:

Ein gewaltiger, 40 Meter tiefer, felsiger Canyon, der wie eine Insel die historische Altstadt umschließt, eine mächtige, ebenfalls auf einem Felsen gelegene Burganlage und architektonische Zeugnisse unterschiedlichster Völker und Kulturen aus sieben Jahrhunderten. Ein wahres ukrainisches Rothenburg! Ein Kleinod freilich, das verfällt und das nahezu menschenleer ist; denn das Zentrum der Stadt hat sich in einen anderen, neueren Teil der Stadt verlagert.

Immer wieder besuchte ich diese Stadt, bis im Herbst 2004 die Idee entstand, Kam"janec'–Podil's'kyj zum Thema meiner Masterarbeit des postgradualen Ergänzungsstudienganges: Tourismusmanagement und regionale Tourismusplanung am Willy Scharnow Institut der Freien Universität Berlin, zu machen.

Die politischen Verhältnisse, die sich mittlerweile infolge der „orangenen Revolution" des Jahres 2004 verändert haben, lassen mit einigem Optimismus in die Zukunft blicken und durch den Wegfall der Visapflicht für Bürger der EU im Frühjahr 2005 wurde das Land für Touristen attraktiver. Davon wird früher oder später auch Kam"janec'–Podil's'kyj profitieren.

Doch reicht das touristische Potenzial der Stadt aus, um sich als Destination wirklich profilieren zu können? Ist die Stadt und deren Umgebung auf die Ansprüche westlicher Touristen vorbereitet? Reichen die infrastrukturellen Voraussetzungen aus, um mehr, als nur Bustouristen, die nach einigen Stunden die Stadt wieder verlassen werden, anzulocken? Gibt es fundierte Konzepte, um die Situation zu verbessern? Wird es möglich sein, die zerstörten oder verfallenen Gebäude der Altstadt wieder aufzubauen? Dies sind einige der wesentlichen Fragestellungen der vorliegenden Arbeit.

Um diese Fragen zu klären verbrachte ich im August und September 2005 mehrere Wochen vor Ort, führte Gespräche mit Vertretern der Stadtverwaltung, der Kreisverwaltung, der Bahn, besuchte Hotels, Geschäfte und Museen, lernte per Fahrrad die nähere und weitere Umgebung kennen und kroch mit Speleologen durch die weit verzweigten Gangsysteme der Atlantida-Höhle.

Ganz besonders danken möchte ich in diesem Zusammenhang Frau Maria von Pawelsz-Wolf vom Partnerschaftsverein Wiesbaden - Schierstein / Kam"janec'–Podil's'kyj , für die Vermittlung der Kontakte in die Ukraine und den gegenseitigen Gedankenaustausch im Vorfeld, Frau Raissa Pavljukowyč für die tatkräftige Unterstützung vor Ort und Frau Natascha Košucharenko für ihre großartige Gastfreundschaft.

Diese Arbeit, die den Kern des hier vorhandenen Buches darstellt, habe ich der Stadt, dem Landkreis sowie dem Partnerschaftsverein zu Verfügung ge-stellt. Durch meine Rolle als externer Beobachter der Situation, verbunden mit einer Perspektive von „außen", war es möglich, Ideen zu entwickeln, durch welche die touristische Entwicklung der Stadt ein wenig vorangebracht werden kann. Diese Vorschläge sind im letzten Teil des Buches zu finden.

1   Die Altstadt von Kam"janec'–Podil's'kyj: Weite Teile sind sanierungsbedürftig

I Rahmenbedingungen für Tourismus in der Ukraine

1. Kurzer Überblick über die Geschichte des Landes und deren Auswirkungen auf die Zielregion

Um die heutige Situation der Ukraine, wie auch der Stadt und der Region verstehen und näher begreifen zu können, ist ein kurzer Überblick über die Geschichte des Landes notwendig. Der Dnister, lange Zeit die Nordgrenze des Osmanischen Reiches, wie auch der Zbruč, ab dem Ende des 18. Jh. die Westgrenze des russischen Reiches verlaufen in unmittelbarer Nähe.[2] Diese Grenzlange beeinflusste die Geschichte der Stadt bis in die jüngste Vergangenheit. Doch werfen wir zunächst einen Blick auf die Geschichte der Ukraine:

1.1 Geschichte des Landes bis 1917

Im Laufe des achten Jahrhunderts schlossen sich mehrere slawische Stämme zusammen und der Stamm der Rus entstand. Vermutlich Mitte des 9. Jahrhunderts wurde ein ostslawischer Staat, die Kiewer Rus, gegründet – ein Staat der sich von der Desnaregion im Nordosten des Landes bis nach Galizien erstreckte. Unter der Herrschaft von Fürst Volodymyr kam es zur ersten Blütezeit. Infolge seiner Vermählung mit der Tochter des Königs von Byzanz im Jahre 988, trat die Kiewer Rus der orthodoxen Kirche bei. Mit dem Mongoleneinfall und der Eroberung Kiews im Jahre 1240 ging dieses Fürstentum zu Grunde und das Gebiet der heutigen Ukraine fiel auseinander. Während der Osten des Landes von den Mongolen – auch als Tartaren bezeichnet - besetzt blieb, kam der Westen und Norden zunehmend unter den Einfluss

---

[2] Das einstige Dreiländereck befindet sich nahe des Dorfes Okopy.

Litauens, das nach dessen Zusammenschluss mit Polen zu einer der führenden europäischen Großmächte wurde. Es folgte eine verstärkte Polonisierung und das einfache Volk geriet in Leibeigenschaft der Großgrundbesitzer.

Angesichts dieser Unterdrückung entstand im Laufe des 17. Jahrhunderts der erste organisierte Widerstand gegen die Polen einerseits, wie die Tartaren andererseits. Ein starkes Heer aus Wehrbauern, Kosaken genannt, hatte sich in die weiten Grassteppen des Gebietes zwischen Dnipro und Don zurückgezogen und führte einen aussichtslosen Kampf gegen beide Besatzungsmächte. Eine besondere Rolle spielte der christlich orthodoxe Glaube, als deren Verteidiger sich die Kosaken sahen. Dass in dieser so genannten Kosakenrepublik zum ersten Mal in Osteuropa Ansätze von Demokratie zum Tragen kamen[3] wird vor allem von nationalbewussten Ukrainern heute stolz herausgestellt, während die Kosakenrepublik zu Sowjetzeiten totgeschwiegen wurde. So erzählt der Kiewer Liedermacher Eduard Drač, dass er noch 1988 auf einem Wettbewerb disqualifiziert wurde, nachdem er Kosakenlieder gesungen hatte. Der entscheidende Aufstand mit dem Ziel des ukrainischen Nationalstaates fand unter Bohdan Chmel'nyc'kyj im 17. Jahrhundert statt. Dass er dabei ein Militärbündnis mit dem russischen Zaren einging, stellte sich im nachhinein als taktischer Fehler heraus, der die Ukraine von einer Abhängigkeit in die nächste brachte.

Während das Gebiet westlich des Dnipro weiterhin unter polnischer Herrschaft blieb, wurde der Osten Teil des Zarenreiches, und eine rücksichtslose Russifizierungspolitik begann. Die ukrainische Sprache wurde ab dem 19. Jh. als Schriftsprache verboten.

Nach den polnischen Teilungen, Ende des 18. Jh., verschwand der polnische Staat von der Landkarte und wurde zwischen seinen Nachbarn aufgeteilt. So kam die gesamte Ukraine mit Ausnahme Galiziens, der Bukovyna und des Transkarpatengebietes, die der Habsburger Monarchie zugeschlagen wurden, unter russische Herrschaft. Auch die östlichen und zentralen Teile von Podillja, also die heutigen Bezirke Chmel'nyc'kyj und Vinnycja und damit auch Kam"janec'–Podil's'kyj kamen unter russische Herrschaft, während das westliche Podillja, also der heutige Bezirk Ternopil' zu Galizien und damit zu Österreich kam.

---

[3]   Vgl. Ernst Lüdemann: Ukraine, München 2001, S. 64ff.

1.2   Die Sowjetische Periode

Nach Ende des ersten Weltkrieges herrschten zunächst chaotische Zustände. Österreich hatte den Krieg verloren, musste Galizien und die Bukovyna abgeben und Russland befand sich nach der Oktoberrevolution im Bürgerkrieg. Mehrere Versuche einer ukrainischen Staatsgründung scheiterten kläglich und die siegreiche rote Armee schaffte vollendete Tatsachen. So entstand die Sowjetukraine, mit der Hauptstadt Charkiv, während Galizien und weite Teile Wolyniens dem wieder entstandenen polnischen, und die Bukovyna dem neuen großrumänischen Staat zugeschlagen wurden. Das Dreiländereck Polen, Rumänien, Sowjetunion befand sich etwa 25 km südwestlich von Kam"janec', an der Mündung des Zbruč in den Dnister. Nach Stalins Machtergreifung wurde der Druck auf die ukrainischen Großbauern in der Sowjetukraine verstärkt und eine rücksichtslose Zwangskollektivierungspolitik begann. 3 - 6 Millionen Hungertote allein in der Ukraine waren die Folge. Mittlerweile ist es unumstritten, dass die Hungersnöte bewusst herbei geführt wurden, mit dem Ziel, den Widerstand ukrainischer Nationalisten zu brechen.[4]

Nach dem Hitler – Stalinpakt marschierte die Rote Armee in der Westukraine ein und besetzte diese. Auch nach dem 2. Weltkrieg wurde das Gebiet trotz offensichtlicher Völkerrechtswidrigkeit nicht an Polen zurückgegeben, sondern in die Sowjetunion eingegliedert. Auch die nördliche Bukovyna mit der Hauptstadt Černivci wie auch Bessarabien wurden sowjetisch. Die polnischsprachige Bevölkerung wurde weitgehend ausgesiedelt. Heute leben noch etwa 4000 – 5000 ethnische Polen in Kam"janec' und stellen damit einen Bewölkungsanteil von vier bis fünf Prozent. Nach dem Tod Stalins nahm der Druck auf die Bevölkerung zwar ab, von Gleichberechtigung mit dem russischen Volk kann jedoch keine Rede sein. Insbesondere die Städte im Osten und Süden des Landes blieben weiterhin stark russifiziert. Kam"janec' ist hingegen weitgehend ukrainischsprachig.

Auch wenn sich die heutige Ukraine gerne als ehemals sowjetisch besetztes Land darstellt, ist nicht zu verleugnen, dass das Land durchaus auch führende Köpfe des Sowjetstaates hervorgebracht hat. Chruščov beispielsweise

---

[4]   Vgl. Lüdemann, Ukraine, S.75.

war Ukrainer und auch die Karriere von Brežnjev begann am Dnipro. Erst mit der Machtübernahme von Gorbačov, regte sich – vor allem von L'viv ausgehend – eine zarte Unabhängigkeitsbewegung, während der Reaktorunfall von Černobyl das Vertrauen der Bevölkerung erschütterte. Vor allem die Informationspolitik des Staates wurde scharf kritisiert. So fanden noch am 1. Mai 1986 in Kyjiv die traditionellen Maiparaden statt, während in Deutschland bereits davor gewarnt wurde, Wiesen und Wälder zu betreten. Nur der damals herrschenden Wetterlage ist es zu verdanken, dass die Ukraine weitgehend von der radioaktiven Wolke verschont blieb.

1.3   Die unabhängige Ukraine

Mit dem absehbaren Ende der Sowjetunion bekam die ukrainische Unabhängigkeitsbewegung starken Zulauf und so wurde einen Tag nach dem gescheiterten Putsch gegen Gorbačov, am 24.8.91 die nationale Souveränität ausgerufen. Erster demokratisch gewählter Präsident des Landes wurde Leonid Kravčuk, einstmals Ideologiesekretär der kommunistischen Partei. Ein Referendum bestätigte die Unabhängigkeit mit 90%-iger Mehrheit.

Schnell begann Kravčuk damit, den jungen Staat zu konsolidieren. Man stieg aus der Rubelzone aus und führte das Übergangsgeld Kupon ein. Da nötige Wirtschaftreformen unterblieben, war die so genannte Hyperinflation die Folge, deren Rate von Sommer 1993 bis Mitte 1994 1000% betrug.[5]

So gesehen war die Machtübernahme von Leonid Kučma im Jahre 1994 auch im Westen Anlass zur Hoffnung. Dessen erste Amtszeit ist auch durchaus als Erfolg zu werten: Die Währung wurde stabilisiert und 1996 die endgültige Währung Hryvnja eingeführt. Das Verhältnis zu Russland wie auch zur EU besserte sich, ein bescheidenes Wirtschaftswachstum begann und eine Verfassung wurde verabschiedet. Diese Verfassung beschreibt die Ukraine als demokratischen Rechtsstaat. Der Staat ist zentralstaatlich organisiert und besteht aus der Hauptstadt Kyjiv und 24 Bezirken (oblast'), die mit den französischen Départements vergleichbar sind. Auch im Hinblick auf die Stellung

---

5   Vgl. Lüdemann, Ukraine, S. 105.

des Präsidenten sind Analogien mit Frankreich feststellbar: Hier, wie dort besitzt der Präsident eine sehr starke Stellung und ernennt die Regierung. Das Parlament stellt gewissermaßen das Korrektiv dar und so ist, wie auch links des Rheines, in der Ukraine das Problem der „Cohabitation", also der gegenseitigen Blockade von Parlament und Präsident Teil des Regierungsalltages.

Nach diesen Verbesserungen konnte Kučma als Garant für Demokratie und wirtschaftliche Reformen auftreten und wurde 1999 wiedergewählt. Dessen zweite Amtszeit, die Anfang 2005 zu Ende ging, wurde jedoch überschattet von Skandalen, welche die Glaubwürdigkeit des Präsidenten schwer erschütterten. Der Einfluss undurchsichtiger Oligarchenclans nahm immer mehr zu[6] und nie konnte die vermutete Beteiligung hoher Regierungskreise an dem Mord an einem regierungskritischen Journalisten im Jahre 2001 widerlegt werden. Heimlich mitgeschnittene Tonbänder von Gesprächen des Präsidenten jedenfalls, lassen allerhand Rückschlüsse zu. Immer stärker wurden die Pressefreiheit eingeschränkt und die weitgehend gleichgeschalteten Fernsehsender dazu missbraucht, die Opposition und damit auch Viktor Juščenko zu diffamieren.

Die Wende kam eher unerwartet: Fest ging man davon aus, dass die Präsidentschaftswahlen des Herbstes 2004 gefälscht, und somit der Kandidat der Regierung, Viktor Janukovyč zum nächsten Präsidenten ernannt werden wird. Die erwarteten Wahlfälschungen fanden in der Tat statt, wurden jedoch so offensichtlich betrieben, dass es sowohl in der Westukraine, als auch in Kyjiv zu Massendemonstrationen kam. Nahezu die gesamte politische Elite in diesen Regionen, unter anderem auch in Kam"janec'–Podil's'kyj , weigerte sich, Janukovyč als Sieger anzuerkennen. Die folgenden zwei Wochen gingen als „orangene Revolution" - nach den Farben der Partei Juščenkos - in die Geschichte des Landes ein. Die Innenstadt von Kyjiv verwandelte sich dabei in ein winterliches Zeltlager und Festivalgelände. Bis zu 300000 Menschen demonstrierten in dieser Zeit täglich gegen die Fälschungen während im Rathaus der Stadt Lebensmittel, heiße Suppen und Decken bereitstanden. Erst nach der eindeutigen Entscheidung des obersten Gerichtes, wonach die Stichwahl aufgrund deren massiver Fälschungen zu wiederholen sei, gab auch Kučma klein bei. Die Wahlwiederholung, die deutlich fairer ablief, als die vorangegangene Runde brachte den erwarteten Sieg Juščenkos, wenn auch die russischsprachigen Teile des Landes nach wie vor fest hinter Janukovyč stehen. Kam"janec'–Podil's'kyj hingegen ist mit einem Ergebnis von 82% für Juščenko klar dem orangenen Lager zuzurechen. So startet die Ukraine mit neuer Hoffnung in ihr 14. Jahr der Unabhängigkeit. Ob Juščenko jedoch im Stand ist, die gewaltigen sozialen und wirtschaftlichen Probleme zu lösen und gleichzeitig die immer noch zu beobachtende Korruption unter Kontrolle zu bekommen, ist keinesfalls sicher, wie die auch die aktuelle Berichterstattung über die ukrainische Regierungskrise des Monats September 2005 zeigt.

1.4   Die wirtschaftliche Lage der Bevölkerung

Das Durchschnittseinkommen in der Ukraine ist gering und beträgt laut amtlicher Statistik[7] derzeit landesweit etwa 130,- €, im Gebiet Chmel'nyc'kyj hingegen nur runde 100,- € Somit reicht ein Job allein kaum aus, um eine Familie zu ernähren.

Das Warenangebot kann als ausreichend bezeichnet werden, aber die Preise steigen unaufhörlich. Verwandte auf dem Land, oder zumindest die eigene Dača können die schlimmsten Engpässe zumindest abmildern. Abhilfe schaffen die vielen, häufig improvisierten Märkte überall im Land, durch die einerseits die Landbevölkerung ihre Finanzen ein wenig aufbessern kann, andererseits für die städtische Bevölkerung billige Einkaufsmöglichkeiten entstehen. Der Anteil von Selbstversorgern auf dem Land ist nach wie vor hoch. Entsprechend hoch ist auch der Anteil der Schattenwirtschaft[8]

Angesichts derartiger Lebensbedingungen ist es kein Wunder, wenn gerade in grenznahen Gebieten versucht wird, im reichen Polen auf den Märkten höhere Gewinne zu erzielen. Mit dem Beitritt Polens zur EU und der damit verbundenen Einführung der Visapflicht ist diese Erwerbsquelle für viele Ukrainer versiegt.

Auch die Zahl der illegalen Arbeitsmigranten, vor allem nach Italien und Por-

---

[6]   Vgl. Lüdemann, Ukraine, S. 107ff.
[7]   Vgl. www.dihk.com.ua (Delegiertenbüro der Deutschen Wirtschaft in der Ukraine).
[8]   Der Anteil der Schattenwirtschaft lag im Herbst 2005 laut DIHK bei 32%.

tugal ist hoch. Erschwerend für die staatliche Wirtschaftspolitik kommt hinzu, dass der Anteil der Schattenwirtschaft kaum einzuschätzen ist.

Die Arbeitslosigkeit ist laut offiziellen Zahlen gering (etwa 7%, vgl. Polen: 20%), aber es ist von einer hohen Dunkelziffer auszugehen.

Auch nach der orangenen Revolution, hat sich die Situation bislang kaum verbessert und auch das Problem der Korruption existiert weiter.

Anlass zu Hoffnung geben zwar der begonnene Bürokratieabbau, wodurch die Gründung eigener Unternehmen einfacher wurde, sowie die Erhöhung der Sozialausgaben und Renten. Das erhoffte Wirtschaftswachstum ist bislang jedoch ausgeblieben. Gerade in dieser Situation kommt dem Tourismus als Wirtschaftsfaktor eine besondere Bedeutung zu. Gelingt es, ausländische Gäste anzulocken, ist davon auszugehen, dass der positive Aspekt des Tourismus auf die Volkswirtschaft aufgrund der höheren Kaufkraft westlicher Währungen sich noch verstärkt. Ausgehend von diesen Überlegungen wurde im Frühjahr 2005 die Visapflicht für Angehörige der EU, der Schweiz, sowie der USA und Kanada aufgehoben.

2.   Tourismus im Sozialismus

In einem Russischlehrbuch aus dem Jahre 1968, das bis Anfang der 90er Jahre ein Standardwerk für Russischkurse an Volkshochschulen war[9], findet sich unter dem Kapitel „Urlaub" folgende Passage:

Ženja kommt freudestrahlend nach Hause, in seinen Händen eine sog. Putjovka haltend, seine Frau Larissa erwartet ihn bereits:

„Larissa, wir fahren in den Kaukasus!!!"

„In den Kaukasus, das ist ja phantastisch! Wo fahren wir denn hin?"

„In ein Erholungsheim...."

Dieser im Grunde banale Dialog, zeigt bereits wesentliche Merkmale des Tourismuswesens in der ehem. Sowjetunion. Dieses unterschied sich stark von der Tourismusstruktur westlicher Länder und ist eine Erklärung für vieles, was auch heute noch die touristischen Gewohnheiten in den Staaten der GUS prägt. So auch in der Ukraine. Daher ist es nötig, sich mit dem Wesen des Tourismus in der Sowjetunion näher zu befassen.

Ein wesentliches Kennzeichen des sowjetischen Tourismus war es, dass dieser fast ausschließlich in Form organisierter Pauschalreisen existierte. Urlaube wurden nicht selbständig geplant, sondern Urlaubsplätze wurden vergeben. Dafür erhielt der Gast eine sog. Putjovka, einen Reisegutschein, der ihm zumeist vom Betrieb zugeteilt wurde. Diese waren sehr billig, da sie hoch subventioniert waren. Deren Preise wurden 1956 festgelegt und bis Ende der 80er Jahre nicht geändert.[10] Vergeben wurden diese Reisegutscheine über eine Zentralstelle des staatlichen Gewerkschaftsbundes. Deren Zahl konnte die tatsächliche Nachfrage jedoch nie wirklich befriedigen, so dass rund 80%

---

[9]   Es handelt sich hierbei um das Buch „Russisch für Sie" von Tatjana Garina, erschienen im Hueber-Verlag München.

[10]   Monika Henningsen: Der Freizeit- und Fremdenverkehr in der (ehemaligen) Sowjetunion unter besonderer Berücksichtigung des baltischen Raumes, Frankfurt am Main, 1994, S.55.

der Sowjetbürger entweder zu Hause bleiben mussten, oder bei Verwandten oder Bekannten unterkamen.[11]

Für den Erholungssuchenden standen unterschiedliche Unterkunftsformen bereit:

So gab es unter anderem Sanatorien für Kuraufenthalte, für die eine ärztliche Einweisung erforderlich war, daneben gab es Erholungsheime, Touristenlager (auch Turbaza genannt) und Touristenhotels. Alle hatten eines gemeinsam: Sie alle standen nur für Gäste mit Putjovka zur Verfügung. Auch heute noch existieren diese Unterkunftsarten, mittlerweile sind sie aber freigegeben.

Angebote für Individualtourismus waren selten, „da es kein Interesse daran gab, dass Bürger unkontrolliert reisen."[12] So stand nur eine geringe Zahl von städtischen Hotels zu Verfügung, die zudem einen relativ niedrigen Komfort aufwiesen. Nur sie waren ohne Putjovka nutzbar, aber deren Kapazität war sehr begrenzt.

Wer individuell reisen wollte, und dennoch die regulären Übernachtungsgebote nutzen wollte, musste - etwa durch Touristenclubs - eine Route vorher genehmigen lassen. Auch hier waren die Unterkünfte vorgebucht. Ein Fahrtenbuch war zu führen und bei Übernachtung in touristischen Hotels oder Turbazy abzeichen zu lassen. Somit war auch der Inidividualtourismus staatlich reglementiert.

Die einzige Form des wirklichen Individualtourismus waren die so genannten „wilden Touristen". Allein schon diese abschätzige Ausdrucksweise lässt erahnen, welches Ansehen diese Personengruppe bei den staatlichen Stellen hatte. Obwohl die „wilden Touristen" in einigen Ferienorten, z.B. auf der Krim in den Sommermonaten sogar die Mehrheit stellten, wurden diese bis Mitte der 70er Jahre völlig ignoriert, und tauchten noch nicht einmal in den Tourismusstatistiken auf.[13] Ein Übernachtungsangebot für diese gab es – mit Ausnahme der städtischen Hotels - bis Ende der 70er Jahre nicht. Erst danach begann man, aus der Not heraus, Privatzimmervermittlungen aufzubauen.

Als Ausländer war man noch reglementierter. Für den Ausländertourismus hatte das staatliche Reisebüro Intourist das Monopol. Nur über diese Organi-

---

[11]   Ebd., S. 86.
[12]   Ebd., S. 63.
[13]   Ebd., S. 71.

sation, konnten überhaupt Reisen in die Sowjetunion gebucht werden. Ohne einen Intourist-Voucher war kein Visum für die Sowjetunion zu bekommen. Übernachtungen bei Privatpersonen waren bis zu Gorbačovs Zeiten unmöglich. Wollte man mit dem eigenen Fahrzeug in die SU, so erhielt man eine vorgeschriebene Route, die man nicht zu verlassen hatte. Zudem waren viele Städte für Ausländer gesperrt, und durften überhaupt nicht angefahren werden. Ein Beispiel hierfür war die alte ostpreußische Metropole, das heutige Kaliningrad. Erst Ende der 80 Jahre wurden die Bestimmungen liberalisiert und auch die Visavergabe erleichtert.

Zusammenfassend lässt sich sagen: In der Sowjetunion, als totalitärem Staat, zeigte auch der Tourismus deutlich totalitäre Strukturen. Alles war auf das Kollektiv zugeschnitten. Die Gruppe stand in Vordergrund und unorganisiertes Reisen war nicht vorgesehen. Auch heute noch benötigt der EU Bürger für Reisen nach Russland ein Touristenvoucher oder eine Privateinladung. Innerhalb von 3 Tagen hat man sich bei einer Polizeidienststelle zu melden. Dort haben sich also gewisse sowjetische Strukturen erhalten. In der Ukraine ist das Reisen dagegen ohne Einschränkung möglich. Dennoch: auch in der heutigen Ukraine sind die Strukturen für Individualreisende nur schwach ausgebaut. Zahlreiche touristische Angebote existieren bislang nur für Gruppen und als Individualreisender hat man oftmals das Nachsehen. Die sozialistische Vergangenheit des Landes, könnte eine Erklärung dafür sein.

3.   Die Ukraine als touristische Destination heute

Die Ukraine ist bislang nur in geringem Maße als touristische Destination in Erscheinung getreten. Neben den Städten Kyjiv und Odesa sind lediglich die Halbinsel Krim, die Karpaten und vielleicht noch die historischen Städte L'viv in Galizien und Černivci in der Bukovyna international bekannt. Daher im folgenden zunächst einige allgemeine Angaben über das Land:

Die Ukraine ist nach Russland mit 603700 km² der flächenmäßig größte Staat Europas. Mit Kyjiv, Charkiv, Donec'k, Dnipropetrovsk und Odesa verfügt das Land über 5 Millionenstädte. Weitere große Städte sind L'viv (800000 Ew.) und Saporižžja (900000 Ew.) Der Großteil der Bevölkerung lebt im - von Schwerindustrie und Kohlebergbau geprägten - Osten des Landes. Die wichtigsten Flüsse sind der Dnipro, der Dnister und der südliche Bug, allesamt Zuflüsse des Schwarzen Meeres.

Nur ein kleiner Teil des Landes wird bestimmt von Gebirgen. Dabei handelt es sich um die Karpaten und das Krimgebirge. Die Karpaten präsentieren sich mit grünen Bergkuppen, wie man sie unter anderem aus dem Schwarzwald kennt. Hier befinden sich auch die meisten Holzkirchen des Landes.[14] Das Krimgebirge dagegen, ist ein Karstgebirge mit spektakulären Schluchten und Felsen. Der Rest des Landes verteilt sich etwa zu gleichen Teilen auf sumpfige Tiefebenen und auf Hügelländer mit mittelgebirgsartigen Abschnitten. Immer wieder durchbrechen hier – vor allem in den Flusstälern - spektakuläre Kalk- oder Granitfelsen die Erdoberfläche und sorgen so für überraschende Entdeckungen.

Ein Beispiel hierfür ist das tief eingeschnittene Tal des Dnister, das den Vergleich mit Rhein- oder Maintal nicht zu scheuen braucht. Osteuropäische Weite hingegen vermittelt der Dnipro mit seinen steilen Lössabbrüchen südlich von Kyjiv. Mit der Südküste der Halbinsel Krim verfügt die Ukraine über einen Küstenstreifen, welcher der Côte d'Azur in nichts nachsteht, aber noch touristisch entwickelt werden muss.

---

[14]   Besonders lohnend in diesem Zusammenhang ist ein Besuch des Čeremoštales bei Vyžnycja.

Auch auf Grund der, bis April 2005 recht strengen Visabestimmungen, war das Land für westliche Touristen bislang wenig attraktiv. Weit verbreitete Ängste vor kriminellen Übergriffen und Unsicherheiten auf Grund geringer Fremdsprachenkenntnisse der Bevölkerung taten ihren Teil dazu.

So wurde das Land bisher fast ausschließlich von Pauschaltouristen oder Besuchsreisenden angesteuert. Lediglich polnische Touristen, für die die Westukraine, ähnlich wie für Deutsche etwa Schlesien, eine besondere Rolle spielt, waren schon in den vergangenen Jahren stärker vertreten. Insbesondere für diese Zielgruppe spielt Kam"janec'–Podil's'kyj eine besondere Rolle, da eines der Hauptwerke polnischer Literatur, das Werk „Trilogia" von Henryk Sienkiewicz teilweise in der Stadt und deren Umgebung spielt. In dieser Trilogie werden verschiedene Aspekte der alten polnischen Geschichte beleuchtet. Deren dritter Teil: Pan Wołodyjowski aus dem Jahre 1888, beschreibt die Eroberung der Festung von Kam"janec' durch die Türken im Jahre 1672.

Was die Ankünfte polnischer Gäste in der Ukraine betrifft, so ist im 1. Halbjahr 2005 eine Steigerung der Ankünfte von 150% zu verzeichnen[15] Ansonsten zeigen die offiziellen statistischen Angaben eine vergleichsweise geringe Zahl von internationalen Ankünften. So reisten während der letzten Jahre bis 2004 etwa 6 Mio. ausländische Touristen jährlich in die Ukraine ein. Davon stammten allerdings 75% aus den Staaten der GUS. Mit 141534 Besuchern steuerten die Deutschen im Jahre 2004 einen nicht unerheblichen Teil bei.[16]

Es ist davon auszugehen, dass sich die Zahl der Besucher auf Grund der Abschaffung der Visapflicht im laufenden Jahr deutlich erhöhen wird.

Dennoch ist bis heute die Tourismusindustrie stark sowjetisch geprägt

Vororganisierte Gruppenreisen stehen im Vordergrund, während für Individualreisende wenig Infrastruktur vorhanden ist. Nur an ganz wenigen Orten existieren Touristinformationen. Ausschilderungen, Wegweiser, Wanderwege fehlen fast völlig.

Mehrfach hat der Verfasser selbst spektakuläre Sehenswürdigkeiten, wie etwa die Felsen von Uryč in den Karpaten, obgleich in unmittelbarer Nähe der Route gelegen, auf Grund fehlender Ausschilderung nicht ausfindig machen

---

[15]   Vgl. www.intur.com.pl.
[16]   Vgl. www.tourism.gov.ua.

können. Erst nach Ende der Reise wurde deren Existenz bekannt.

Wie schon zu sowjetischen Zeiten, ist die touristische Infrastruktur auch für den Inlandstourismus stark resort-orientiert aufgebaut: Der Ukrainer verbringt den Urlaub in einer Turbaza, einem Erholungsheim oder einem Sanatorium. Hier existiert im allgemeinen eine recht gute touristische Infrastruktur: So findet man gastronomische Einrichtungen und Freizeitangebote wie etwa Kinos, Saunas oder Bootsverleih. Auch Kulturveranstaltungen oder Discoabende finden statt. Man kann diese Einrichtungen also ein wenig mit den Ferienclubs westlicher Länder vergleichen. Der allgemeine Standard, wie auch die hygienischen Verhältnisse sind jedoch oftmals - zumindest für westliche Besucher - als unzureichend einzustufen. Will man die nähere Umgebung kennen lernen, so bieten Incomingagenturen Ausflüge an. Diese Angebote richten sich jedoch ebenfalls meist an Gruppen, während man als Einzelperson nicht selten das Nachsehen hat.

Beispiele für solche Resorts sind etwa Jaremča in den Karpaten, Slov"janohirsk in der Ostukraine oder Jalta auf der Krim. Nur wenige Kilometer von diesen Touristenzentren entfernt ist keinerlei touristische Infrastruktur mehr zu finden. Mit anderen Worten: es handelt sich in der Ukraine bislang um eine punktuelle touristische Erschließung, während des touristische Potenzial, welches das Land auf Grund seiner zahlreichen Naturschönheiten oder kulturellen Sehenswürdigkeiten bietet, bislang kaum genutzt wird.

Eine mögliche Erklärung für den geringen Bekanntheitsgrad touristischer Attraktionen ist die geringe Verfügbarkeit von Reiseführern, die wiederum zu erklären ist, durch einen äußerst schlecht organisierten Buchhandel. Obgleich ISBN Nummern in allen Büchern vorhanden sind, existierte in keiner der besuchten Buchhandlungen ein elektronisches Bestellsystem. Die Frage nach der Möglichkeit von Bestellungen wurde generell verneint. Reiseführer für eine Region sind im allgemeinen nur vor Ort selber, sowie vielleicht noch in Kyjiv erhältlich. Will man aber beispielsweise im zentralukrainischen Poltava Informationen über Kam"janec'–Podil's'kyj erhalten, so ist das faktisch unmöglich.[17] Als konkrete Folge dieser Situation sind Rundreisen, Städtereisen oder Kulturreisen bislang wenig verbreitet.

---

[17]   Diese Erfahrung wurde vom Verfasser dieses Buches mehrfach selbst gemacht.

Dasselbe gilt auch für Natur- und Aktivtourismus. Dabei muss zunächst auf die Gewohnheiten der Bevölkerung eingegangen werden. Naturtourismus hat hierzulande eine völlig andere Bedeutung als im Westen: Man geht angeln und Pilze sammeln, oder fährt in landschaftlich reizvolle Gebiete, in denen gezeltet wird. Auch das Grillen von Schaschlik am Lagerfeuer erfreut sich großer Beliebtheit. Zurück bleiben häufig unglaubliche Mengen von Müll, den die so genannten Naturtouristen, meist achtlos zurücklassen.

Unsere deutsche Vorstellung: Naturtourismus = Sport und Bewegung im Einklang mit der Natur, ist hier weitgehend unbekannt. Dies lässt sich alleine schon anhand der, von ukrainischen Incomingagenturen verwendete Bezeichnung „ekstremnyj turyzm", also Extremtourismus, für relativ unspektakuläre Wanderangebote ablesen. Auch der geringe Erschließungsgrad, selbst landschaftlich reizvoller Regionen, ist eine Bestätigung für diese Theorie und sicher nicht nur alleine durch die wirtschaftliche Schwäche des Landes zu erklären. Auf Grund dessen dürfte es nicht ganz einfach sein, die örtlichen Strukturen von der Notwendigkeit einer Erschließung ländlicher Regionen für Aktivtourismus zu überzeugen.

Erst seit wenigen Jahren werden verstärkt neue, oftmals kleine, privat geführte Hotels gebaut, die im allgemeinen das mittlere Preissegment abdecken und vom Standart her sehr viel höher einzustufen sind, als die bislang vorhandenen Angebote. Diese befinden sich zumeist innerhalb der Städte aber auch entlang größerer Durchgangsstraßen. Gerade letztere machen häufig einen sehr freundlichen und einladenden Eindruck. Auch nahe Kam''janec'–Podil's'kyj sind zwei solcher, sogenannter Motels zu finden. Für den ländlichen Raum setzt man seit einiger Zeit auf den grünen Tourismus oder Dorftourismus. Eine in Kiew ansässige Dachorganisation (spil'ka spryjannja rosvitku sil's'koho zelenoho turysmu v Ukrajini, zu deutsch: Verband zur Förderung der Entwicklung des grünen Dorftourismus in der Ukraine) versucht die Entwicklung des Dorftourismus, etwa vergleichbar mit Urlaub auf dem Land, bzw. Urlaub auf dem Bauernhof voranzutreiben. Tatsächlich jedoch ist die Zahl der tatsächlich vorhandenen Gästezimmer auf dem Land erheblich größer als bei der Organisation registriert sind.

Dies zeigt ein Vergleich zwischen einem Reiseführer der Bukovyna[18] und dem Verzeichnis der Dachorganisation.[19] Somit besteht bislang keine Klarheit über den Umfang des tatsächlich vorhandenen Angebotes des grünen Tourismus.[20]

Diese mangelnde Transparenz, die auch in vielen anderen Punkten besteht, dürfte nach Meinung des Verfassers eines der Haupthindernisse auf dem Weg, zu einer effektiven touristischen Erschließung der Ukraine darstellen.

2   Die Dörfer sind hier zwar noch unverfälscht, aber...

---

18   Vgl. Deržavna turystyčna administracija Ukrajiny (Hrsg.), Bukovyna turystyčna, Kyjiv 2005, S. 134 ff.

19   Vgl. www.greentour.com.ua.

20   Während im vorliegenden Reiseführer im Gebiet der Bukovyna 49 Häuser angegeben sind – freilich ohne Telefonnummern, Buchungsadressen und Preisangaben sind dies auf der Webseite der „Spil'ka" nur vier, hier jedoch mit Buchungsmöglichkeiten, aber ebenfalls ohne Angabe von Preisen.

3 ...das Leben auf dem Land ist einfach und entbehrungsreich.

II   Das Touristische Potenzial von Kam"janec'–Podil's'kyj und dessen Umgebung

1.   Untersuchung von Stadt und Umgebung auf Eignung als touristische Destination

1.1   Die geografische Lage der Stadt

Kam"janec'–Podil's'kyj, eine Stadt von etwa 100000 Einwohnern, liegt im Südwesten der Ukraine, im Bezirk Chmel'nyc'kyj. Die Bezirkshauptstadt liegt 100 km nördlich von Kam"janec'–Podil's'kyj. Die Entfernung zur Hauptstadt Kiew betägt 390 km und die Westukrainische Metropole L'viv ist 264km entfernt. Weitere Europäische Metropolen: Warschau: 522 km, Berlin 1112 km. [21]

Das Dreiländereck Ukraine - Rumänien - Moldawien befindet sich etwa 50 km südlich der Stadt, am Fluss Prut. Der Fluss Smotryč durchfließt die Stadt und der Fluss Dnister, der zweitlängste der Ukraine, ist nur 20 km entfernt.

---

[21]   Mis"ka Rada Kam"jancja – Podil's'koho (Hrsg.): Kompleksna Prohrama rosvitku turystyčnoji halusi mista Kam"jancja – Podil's'koho, Kam"janec'–Podil's'kyj 2005, S. 11 (Komplexes Programm zur Entwicklung der Tourismusbranche der Stadt Kam"janec'–Podil's'kyj), im weiteren Verlauf verkürzt als „touristischer Entwicklungsplan" bezeichnet.

4   Das Dnistertal ist geprägt von spektakulären Felsformationen

Naturräumlich gesehen liegt die Stadt auf der podolischen Platte, auch podolisch-volynisches Hochland, oder ukrainisch: Podillja genannt.

Diese Region beginnt in der Gegend von L'viv und verläuft in südöstlicher Richtung parallel zum nordöstlichen Rand der Karpaten bis nach Moldawien, um südlich von Chişinau in den Schwarzmeersteppen auszulaufen. Die nördliche und östliche Begrenzung ist der Fluss Pivdennij Buh (südlicher Bug)

Auf ukrainischem Gebiet umfasst die Region im wesentlichen die Bezirke Ternopil', Chmel'nyc'kyj und Vinnycja. Im Folgenden wird im wesentlichen der zentrale Bereich, als der Bezirk Chmel'nyc'kyj berücksichtigt.

5   Die Lage von Podillja, innerhalb der Ukraine

6   Das Ternavatal bei Vrublivci

1.2   Die Region Podillja und Möglichkeiten einer touristischen Nutzung

Vom Landschaftscharakter her zeigt sich die Umgebung der Stadt als hügelige Hochfläche. Deren Höhe schwankt zwischen 130m am Dnister und 471m Meereshöhe im Norden von Ternopil'.

Bei den Regionen Ternopil' und Chmel'nyc'kyj handelt es sich überwiegend um Karstgebiete. Vor allem hier sind Kalkfelsen und weit verzweigte Höhlensysteme zu finden, während im Gebiet Vinnycja Granitgestein überwiegt. Auch Schiefer und Sandstein kommen vereinzelt vor.

Die wichtigsten Wasserläufe sind neben dem bereits erwähnten Dnister und Bug die Flüsse Seret, Zbruč, Smotryč, Ušycja und Murafa. Diese alle sind linke Nebenflüsse des Dnister, und bilden vor allem in ihren Unterläufen tief eingeschnittene, zum Teil canyonartige Täler, mit steilen Felswänden.

Der Dnister wurde in den 70er Jahren durch eine gewaltige Talsperre in den Bezirken Vinnycja und Černivci aufgestaut, wodurch hundert Kilometer langer See entstand, der bis in die Umgebung von Kam''janec' reicht.

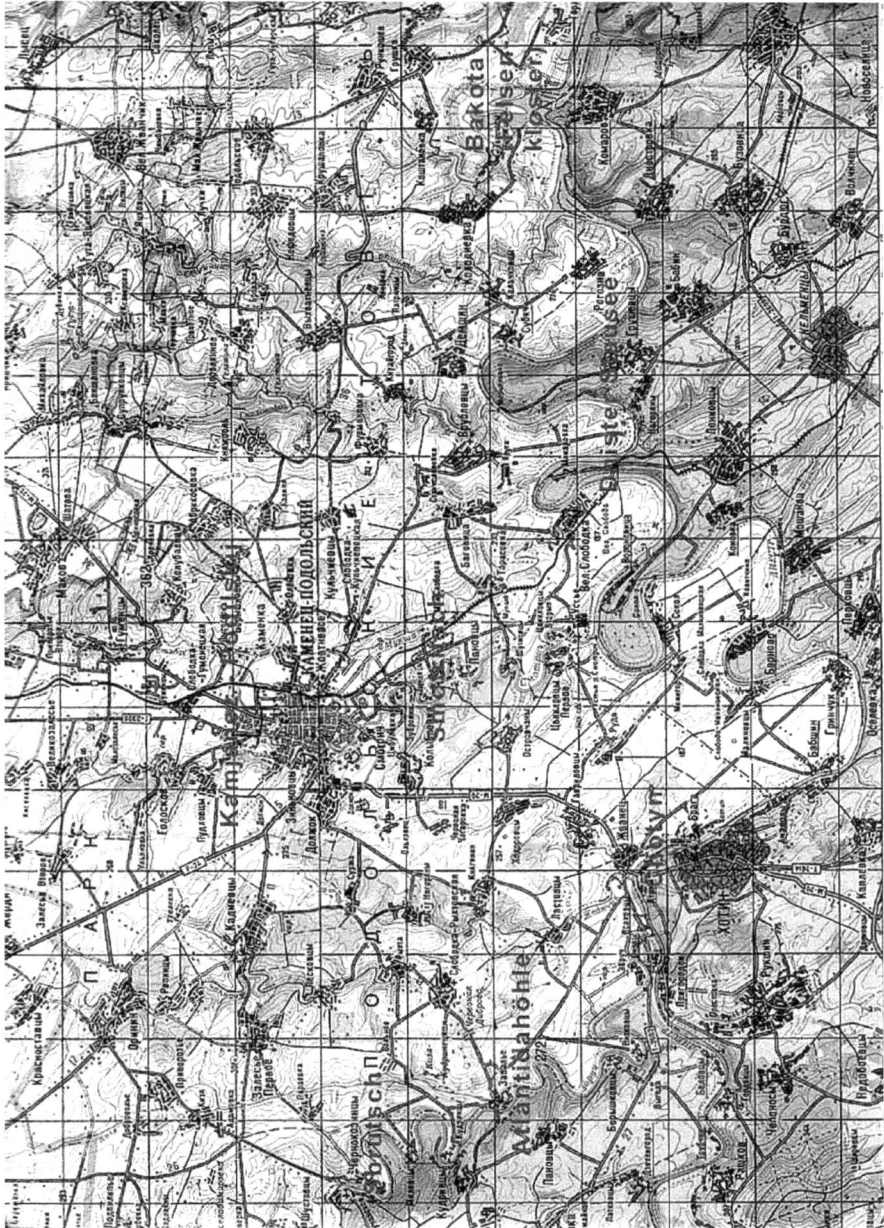

7   Übersicht über die Umgebung der Stadt

Auf Grund der Nähe zu Galizien und zur historischen Stadt Černivci bestehen zudem gute Chancen für die Stadt, sich als fester Bestandteil von Rundreisen durch diese Regionen zu etablieren.

Eine Besonderheit der Region Kam''janec' sind die „Podil's'ki Tovtry", ein markantes Kalkriff aus dem Erdzeitalter des Miozen, das die Hochfläche von Podillja um 60 – 100m überragt. Zum Schutz der Landschaft wurde im Jahre 1996 der gleichnamige Nationalpark gegründet.[22]

Die Dörfer der Region sind zumeist recht klein. Lediglich die Durchgangs-straße ist im allgemeinen asphaltiert, ansonsten sind Schotterwege anzutref-fen. Hühner, Ziegen, Kühe, Truthähne und Gänse bevölkern die Straßen und sorgen so für einen äußerst ländlichen Charakter. Ein kleiner Laden, dem häufig eine ebenso kleine Bar angeschlossen ist, sorgt für die Versorgung der Bevölkerung mit dem Notwendigsten, während Gemüse, frisches Fleisch, sowie Milchprodukte zumeist aus dem eigenen Anwesen kommen. Alters-schwache und meist völlig überfüllte Linienbusse sorgen für die Mobilität der Bevölkerung. Was den optischen Eindruck der Dörfer betrifft ist anzumerken, dass die landestypischen, kleinen einstöckigen Häuser weitgehend erhalten geblieben sind. Deren traditionelle Stroh- oder Ziegeldächer hingegen sind zumeist durch eher unschöne graue Dächer aus Wellpappe ersetzt worden.

Positiv anzumerken ist, dass bei den Grundstücksbegrenzungen seit einiger Zeit verstärkt auf Natursteinmauern gesetzt wird, was im Vergleich zu den sonst zu findenden morschen Holz- oder rostigen Maschendrahtzäunen sehr angenehm wirkt.

Was die touristische Erschließung betrifft, ist eine Kombination mehrerer Nut-zungsformen denkbar. Die Vorraussetzungen hierfür sind als hervorragend einzustufen.

Die Region eignet sich auf Grund der zahlreichen Felsen und Höhlensysteme sowohl als Kletter- wie auch als speleologische Destination. Haken und son-stige Sicherungssysteme existieren bislang jedoch nur an wenigen Stellen in-nerhalb des Stadtgebietes von Kam''janec', nicht jedoch in der Region.

Die Höhlen sind verschlossen und werden von Höhlenforschern aus Chmel''nyc'kyj betreut. Diese bieten auf Anfrage Führungen an. Da es sich

---

[22]   Vgl.: www.tovtry.km.ua.

bei diesen Höhlen um weit verzweigte Labyrinthe handelt, wäre ein alleiniges Begehen der Höhlen ohnehin nicht zu empfehlen: Wer kennt nicht die Geschichte von Tom Sawyer...

8   Die Atlantidahöhle weißt spektakuläre Kristallbildungen auf

Lediglich die Kryštaleva-Höhle, nahe der Stadt Borščiv, im Bezirk Ternopil' ist touristisch erschlossen und elektrisch beleuchtet.

Auf Grund des abwechslungsreichen, hügeligen Charakters der Landschaft, könnte auch dem Fahrradtourismus in näherer Zukunft eine größere Bedeutung zukommen. Kritisch anzumerken ist die Tatsache, dass viele der alten, oft doppelreihigen Alleen durch jahrzehntelange Verwahrlosung mit Buschwerk und Unkraut zugewachsen sind, so dass man bisweilen das Gefühl hat, zwischen zwei grünen Mauern hindurch zu fahren, ohne die Landschaft wirklich wahrnehmen und genießen zu können. Auch die schlechten Straßen stellen ein nicht zu unterschätzendes Hindernis für den Fahrradtourismus dar. Auch die am eigenen Leib erfahrene, oftmals rücksichtslose Fahrweise der einheimischen Autofahrer darf in diesem Zusammenhang nicht unerwähnt bleiben. Fahrradwege gibt es bislang keine. Positiv festzuhalten ist allerdings, dass der Autoverkehr bislang noch recht gering ist, was sich aber im Zuge einer weiteren wirtschaftlichen Gesundung des Landes ändern kann.

Insbesondere die Täler von Smotryč und Zbruč, die im August und September 2005 mehrfach besucht wurden, werden nach Einschätzung des Verfassers auf Grund ihrer besonders reizvollen Felslandschaften, der hohen Fließgeschwindigkeiten des Wassers, als auch auf Grund der zahlreichen Burgruinen mittelfristig eine große Bedeutung für den Kajaktourismus erlangen. Boots- oder Kajakverleih gibt es bislang noch nicht.

Auch der etwa 100 km lange Stausee des Dnister birgt ein erhebliches wassertouristisches Potenzial, das bislang noch kaum genutzt wird. Lediglich im Dorf Ustja, nahe einer sog. Turbaza, können Gruppen Ausflugsdampfer stundenweise mieten. Hat man als Individualtourist das Glück, zur rechten Zeit vor Ort zu sein, kann man für einen verhältnismäßig geringen Preis ebenfalls an diesen Flussfahrten teilnehmen. Reguläre Fahrpläne gibt es bislang keine.

An kulturgeschichtlichen Sehenswürdigkeiten sind vor allem die Reste des Felsenklosters Bakota, oberhalb des Dnisterstausees, nahe Stara Ušycja, wie auch die Burg und Festungsanlage Chotyn auf dem rechten Dnisterufer zu erwähnen. Weitere sehenswerte Burgen gibt es im Bezirk Ternopil'.

Für die ländlichen Regionen gilt der „Dorftourismus", wie dieser in der Ukraine genannt wird, als das Konzept der Zukunft. Einige Gästezimmer und Ferienhäuser existieren bereits und deren Standard ist als zufriedenstellend, in einem Fall sogar als hervorragend einzustufen. Als problematisch anzusehen, ist jedoch die schlechte Infrastruktur innerhalb der Dörfer: Die Einkaufsmöglichkeiten und Gastronomie mögen für die Einheimischen ausreichen, nicht jedoch für Touristen. Auch Campingplätze, ein entscheidender Bestandteil des grünen Tourismus, sind nicht vorhanden.

Reittouristische Angebote fehlen ebenfalls, obwohl eine große Zahl von Pferden zu finden ist: Das Pferd erfüllt hier noch die Funktion eines Arbeitstieres in der Landwirtschaft.

Hofläden, in denen frisches Gemüse, Fleisch aus eigener Schlachtung und Käse oder selbst produzierter Wein verkauft werden, sind ebenfalls bislang noch unbekannt, könnten aber mittelfristig einen Ausgleich schaffen. Der oftmals verarmten, ländlichen Bevölkerung würde dies auch in wirtschaftlicher Hinsicht zu gute kommen. Zudem verfügen nur wenige Dörfer über eine Kanalisation. Somit haben die meisten Häuser nur Außentoiletten und beziehen ihr Wasser aus einem Ziehbrunnen im Hof.

Ferner fehlt es völlig an Ausschilderungen für Sehenswürdigkeiten wie auch an markieren Wanderwegen und Fahrradrouten. Selbst die Ferienhäuser sind nicht ausgeschildert. Auch Tafeln mit Wanderkarten, wie auch Wanderparkplätze sind bislang nicht zu finden.

9   Die Burg Chotyn ist eine der Hauptattraktionen der Region

1.3   Geschichte der Stadt

Wer sich mit einer historischen Stadt als touristische Destination beschäftigt, sollte zumindest einen kurzen Überblick über deren Geschichte bekommen. Daher im folgenden die wichtigsten historischen Eckdaten, stichpunktartig erwähnt:[23]

1228	1. urkundliche Erwähnung der Stadt
ab 1362	Teil des Fürstentums Litauen
1432:	Die Stadt erhält das Magdeburger Stadtrecht
1434 – 1672	Unter polnischer Herrschaft
1672 – 1699	Die Stadt ist türkisch besetzt, danach wieder Teil von Polen
1793	Podillja wird Teil des russischen Reiches, Kam"janec' wird Hauptstadt der Region. Deren Einwohnerzahl beträgt etwa 40000. Die Neustadt entsteht auf der anderen Flussseite
Ab 1917	Teil der Sowjetunion. Die Stadt wird Universitätsstadt. Anwachsen der Einwohnerzahl auf 100000. Starke Industrialisierung.
30er Jahre	Mutwillige Zerstörung vieler Kirchen, davon 4 in der Altstadt.
1941	Deutsche Truppen besetzen die Stadt. In der Altstadt wird ein jüdisches Getto eingerichtet. 80000 Juden werden ermordet.
1944	Sowjetische Truppen befreien die Stadt. Die Altstadt ist stark zerstört und wird später nur teilweise wiederaufgebaut. Das Zentrum verlagert sich in die Neustadt.
1954	Kam"janec'–Podil's'kyj muss die Funktion der Bezirkshauptstadt an Chmel'nyc'kyj abtreten.
1992	Ukrainische Unabhängigkeit.
1998	Die Stadt wird zur nationalen architekturhistorischen Denkmalschutzzone erklärt
2004	Orangene Revolution auch in Kam"janec': 5000 Menschen demonstrieren friedlich für demokratische Wahlen.

---

[23]   Deržavna turystyčna administracija Ukrajiny (Hrsg.): Kam"janec'–Podil's'kyj, turystyčnyj putivnik, L'viv 2003.

1.4   Die wirtschaftliche Situation der Stadt

Auch nach dem wirtschaftlichen Niedergang der 90er Jahre verfügt Kam"janec'–Podil's'kyj über einige größere Industriebetriebe. So gibt es eine große Zementfabrik, Textilindustrie, ein Kabelwerk, das von einem deutschen Investor aufgekauft wurde. Auch Lebensmittelindustrie ist vertreten. Der größte Arbeitgeber der Stadt hingegen: ein großes Elektrokombinat, das zu Sowjetzeiten vor allem Militärtechnologie herstellte, steht weitgehend still. Ansonsten ist das Wirtschaftsleben der Stadt geprägt von kleinen und mittleren Unternehmen sowie von Einzelhandel. Die Arbeitslosigkeit ist nach offiziellen Zahlen[24] gering und liegt bei unter 5%. Mit einem Anteil von 30% an jungen Menschen, unter 30 Jahren kann die Stadt als sehr junge Stadt bezeichnet werden. Damit verfügt die diese auch in demographischer Hinsicht über ein hohes Zukunftspotenzial. Mittelfristig wird es darauf ankommen, ob es gelingt, die jungen Leute vor Ort zu halten, und ihnen Zukunftsperspektiven zu eröffnen. Auch hierfür kann die weitere Entwicklung des Tourismus eine große Rolle spielen.

1.5   Kurze Beschreibung der Stadt

Wie aus dem Stadtplan ersichtlich, ist die Stadt Kam"janec'–Podil's'kyj deutlich in zwei Teile geteilt. Einerseits die Neustadt, links des Smotryč, eine ab Beginn des 19. Jh. entstandene Stadterweiterung, andererseits die Altstadt, rechts des Flusses, innerhalb einer gewaltigen Flussschleife. Diese Flussschleife bildet einen 40m tiefen, felsigen Canyon, so dass die beiden Teile der Stadt deutlich von einander getrennt sind.

---

[24]   Mis"ka Rada Kam"jancja–Podil's'koho, Kompleksna Prohrama, S. 11

10   Der Canyon des Smotryč trennt die Altstadt von der Neustadt

1.5.1 Der erste Eindruck

Bei der Bewertung der Attraktivität einer Destination ist gerade der erste Eindruck, den die Stadt beim Betrachter hinterlässt, von entscheidender Bedeutung. Daher werden an dieser Stelle die Ortseingänge und das Umfeld von Bahnhof und Busbahnhof bewertet.

Die Ortseingänge

Die wichtigsten Ortseingänge sind die der M 20 aus nördlicher Richtung (von Chmelnizkij) und aus südlicher Richtung (von Černivci), sowie die Kreisstraße R 24 aus westlicher Richtung (von Ternopil').

Natürlich wird bei einer Großstadt von 100000 Einwohnern niemand ausschließlich romantische und durchwegs harmonische Ortseingänge erwarten. So auch nicht in Kam"janec'–Podil's'kyj.

Von Norden kommend, das Riff der Tovtry überquerend, sind vor allem vielstöckige Bauten aus sowjetischer Zeit, sowie Industriebetriebe erkennbar. Eine historische Stadt würde man hier nicht unbedingt erwarten. Dieser eher unangenehme Eindruck wird durch eine grüne Pappelallee, die bis zu den ersten Gebäuden reicht, stark abgemildert.

Von Süden erfolgt der Weg in die Stadt über das Hochplateau, das in Richtung des Smotryč langsam abfällt. Der Eingang der Stadt wirkt recht grün und nur an einigen Stellen überragen mehrstöckige Wohnblöcke die Bäume. Neu entstandene Villen sorgen ebenfalls für Abwechslung. Vor Einfahrt in die Stadt wird der Canyon des Flusses überquert. Dieser wirkt auch an dieser Stelle sehr spektakulär und weckt die Erwartung auf mehr. Die Altstadt ist nur bei genauem Hinsehen linker Hand zu entdecken.

Unerwartet unverfälscht zeigt sich der Eingang der Stadt für die Besucher, die aus westlicher Richtung kommen. Da sich die Stadt nur in eine Richtung entwickelt hat, ist hier das alte Bild vollständig erhalten geblieben. So sind die Burg und die turmreiche Silhouette der Stadt von weitem zu erkennen. Für Autos ist die Zufahrt zur Altstadt aus dieser Richtung allerdings nicht möglich.

Ankunft per Bahn oder Bus

Kommt man per Bahn ist der erste Eindruck abweisend. Der Bahnhof selbst ist zwar ein modernes und sauberes Gebäude. Beim Verlassen des Gebäudes jedoch, steht der Besucher auf einem ungepflegten Platz, der zur Zeit aufgerissen ist.

11   Für Bahnreisende ist der erste Eindruck eher abweisend

Hühner laufen über den Platz und auf der gegenüberliegenden Seite fallen renovierungsbedürftige Wohnblöcke der 50er Jahre auf. Gastronomie ist kaum vorhanden und das Umfeld wirkt menschenleer und trostlos.

Etwas besser ist die Situation auf dem Busbahnhof, obwohl das Gebäude selber ebenfalls nur ein Zweckbau aus sowjetischer Zeit ist. Doch immerhin ist der Platz voller Leben und es herrscht ein reichhaltiges Angebot an Gastronomie. Der zentrale Markt grenzt direkt an. Zudem werden viele der barackenartigen Bauten rund um den Markt derzeit durch attraktive Neubauten ersetzt. Auch die Zufahrtsstraße zum Busbahnhof wurde im Sommer 2005 neu gestaltet.

Insgesamt ist demnach der erste Eindruck den der Neuankömmling von der Stadt hat, mit Ausnahme der Situation am Bahnhof, als zufriedenstellend zu bewerten.

1.5.2 Ein Rundgang durch die Stadt

Zu Beginn eine Beschreibung der Neustadt, dem heutigen Zentrum der Stadt.

Diese besteht z.T. aus offener, wie auch aus Blockbebauung der 50er Jahre. Näher am Fluss findet man auch noch kleinere Häuschen und Villen aus dem 19. Jh. Die städtebaulichen Dominanten sind des neue Rathaus der Stadt, auch weißes Haus genannt, aus den 70er Jahren, sowie das Hotel Smotryč, ein 12-geschossiges Hochhaus. Da dies von fast überall her zu sehen ist, prägt es die ganze Stadt und kann als ausgesprochene Bausünde bezeichnet werden. Das Gebäude erhält zwar derzeit einen neuen Anstrich. An der grundsätzlichen Hässlichkeit der Fassade ändert dies jedoch wenig. Eine weitere Bausünde ist das Gebäude der Post unmittelbar hinter dem Rathaus.

12   Das Hotel Smotryč prägt die Neustadt

Eine weitere, relativ neue städtebauliche Dominante, ist die vor wenigen Jahren rekonstruierte Alexander Njevskij Kathedrale in neuromanischem Stil. Viele Parks prägen das Zentrum und es ist immer voller Leben. Hier befinden sich auch die meisten Geschäfte, die Fußgängerzone, die beiden Universitäten und die Kultureinrichtungen der Stadt. Auch der Zentrale Markt und der Busbahnhof sind hier zu finden. Der Bahnhof liegt am nördlichen Stadtrand, etwa 2,0 km vom Zentrum und 1,5 km vom Busbahnhof entfernt. Bewertung der Neustadt: Auf Grund der vielen Parks und der zumindest teilweise vorhandenen Altbausubstanz wirkt der Stadtteil trotz einiger Neubauten aus sowjetischer Zeit recht attraktiv und erfüllt seine Funktion als Zentrum voll und ganz. Lediglich ein Teil der Parks könnte etwas gepflegter sein.

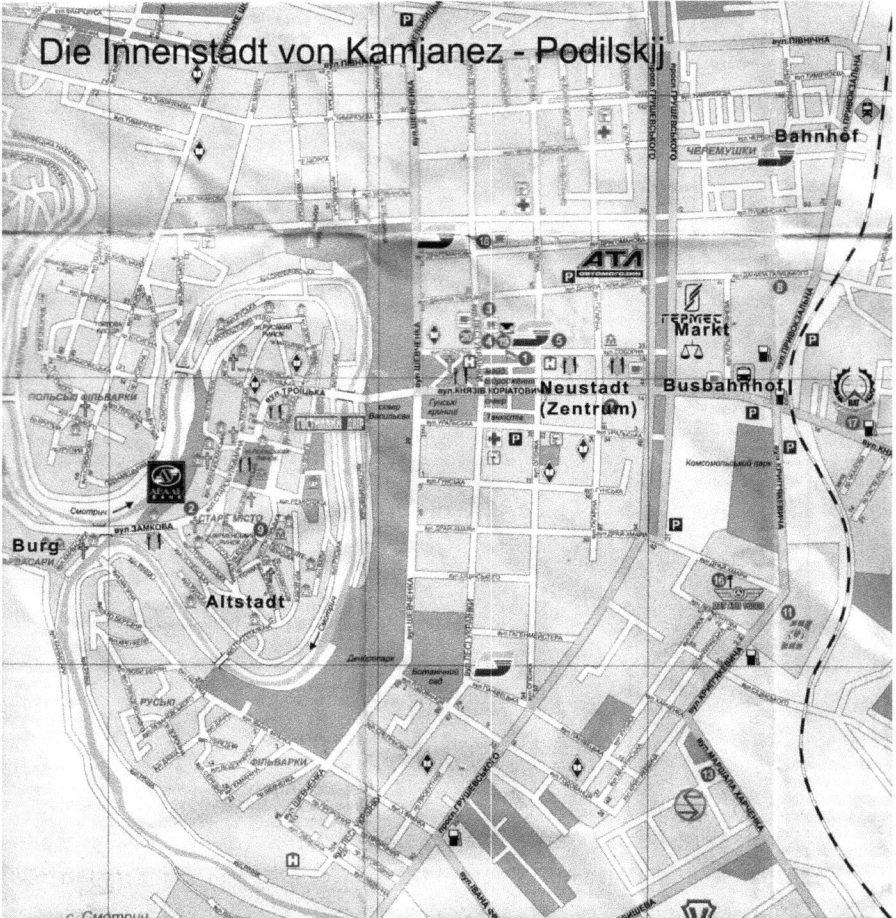

13   Der Stadtplan zeigt deutlich den Gegensatz von Alt- und Neustadt

Die Altstadt:

Vom weißen Haus aus geht es steil den Berg herunter und es sind einige Türme, sowie eine Brücke über den Fluss erkennbar. Der Canyon öffnet sich erst beim Betreten der Brücke und sorgt so für große Überraschungen.

14   Ein Vergleich von alt und neu zeigt das Ausmaß der Zerstörungen[25]

Als Anhaltspunkte beim Vergleich der beiden Bilder können die Türme des alten Rathauses sowie der polnischen Kathedrale dienen. Auf der historischen Aufnahme ist im Vergleich zum heutigen Zustand - für jedermann deutlich sichtbar - eine wesentlich dichtere Bebauung festzustellen.

---

25   Dieses Foto entstammt der polnischen Bilder CD-Rom: Kamieniec–Podolski, die vor Ort erhältlich ist. Der Autor dieser CD ist dem Verfasser nicht bekannt.

15   Der erste Blickkontakt mit der Altstadt heute

Trotz der eindrucksvollen Kulisse erkennt man anhand noch vorhandener Fundamente, dass die Stadt in früheren Zeit vermutlich sehr viel dichter bebaut war. Vergleiche mit alten Fotografien bestätigen diese Theorie. In der Tat wurde die Altstadt im 2. Weltkrieg stark zerstört.

Hat man die Brücke überquert, steht man bald auf dem Trojickaplatz, nach einer in den 30er Jahren zerstörten Kirche, die derzeit rekonstruiert wird. Leider scheinen die Arbeiten derzeit zu ruhen, denn während der gesamten Zeit des Aufenthaltes vor Ort wurde nie ein Arbeiter auf der Baustelle gesehen. Die Fassaden des Platzes sind in recht gutem Zustand. Nach beiden Richtung zweigt die Vul. Zarvans'ka ab, ehemals eine der Hauptstraßen der Stadt. Trotz einiger Baulücken zeigt diese Straße noch am ehesten das Gesicht der alten Stadt. Folgt man der Straße nach rechts, erreicht man bald den Stefan Batori Turm, ein monumentales Tor der alten Stadtbefestigung, das derzeit ungenutzt ist.

Die ebenfalls vom Trojickaplatz abzweigende Trojickastraße wurde nach dem Krieg stark verbreitert und z.t. mit Gebäuden in stalinistischem Stil bebaut. In südlicher Richtung ist der Turm des alten Rathauses zu erkennen. Man erreicht den Pol's'kyj Rynok (polnischer Markt), der – zu sowjetischen Zeiten zentraler Platz genannt - erst vor wenigen Jahren seinen alten Namen wieder zurück bekam. Dieser Platz ist nur noch ansatzweise zu erkennen. Viele der alten Fassaden sind verschwunden. Fundamente erinnern noch an die einstige Bebauung. Der Mittelblock, wie er für zahlreiche ostmitteleuropäische Städte typisch ist (unter anderem findet man eine derartige städtebauliche Situation in den polnischen Städten Wrocław oder Poznań), ist verschwunden. Nur das alte Rathaus und ein weiteres Gebäude sind erhalten geblieben, alle anderen haben einer ungepflegten Grünanlage Platz gemacht. Das Rathaus enthält einen Teil des historischen Museums und dient ansonsten gastronomischen Zwecken. Auch die Randbebauung des Platzes existiert nur noch teilweise. Die Nordostecke des Platzes wurde zudem in den 50er Jahren durch ein großes Schulgebäude, dessen Grundfläche nicht dem alten Grundriss der Stadt entspricht, bebaut. Dabei handelt es sich um ein palastartiges, 3-flügeliges Gebäude mit 3 Stockwerken, das sowohl auf Grund seiner Größe, wie auch auf Grund seiner Abweichungen gegenüber den alten Baufluchten und Blickbeziehungen wie ein Fremdkörper wirkt.

Allerdings muss vermerkt werden, dass mit der Rekonstruktion einiger Gebäude begonnen wurde. Es existieren Pläne, das Ensemble bis 2015 wieder aufzubauen. Westlich des polnischen Marktes befindet sich die römisch katholische Peter- und Paulskathedrale, in der auch heute noch eine polnische Gemeinde aktiv ist. In den Bau integriert ist ein Minarett aus der Zeit der türkischen Besatzung im 17. Jh. Südlich des polnischen Marktes liegt die Dominikanerkirche, ebenfalls römisch katholisch. Sie brannte Anfang der 90er Jahre ab, wird aber derzeit renoviert. Zur Zeit der Aufenthaltes entstand der Turmhelm gerade neu. Westlich des Platzes sieht man die Gebäude des Dominikaner- und Franziskanerklosters, leider in beklagenswertem Zustand. Die Kirche wurde teilweise instand gesetzt, und wird von der orthodoxen Kirche genutzt, das Klostergebäude selbst ist Ruine. In südlicher Verlängerung des Platzes erreicht man den Trynitars'kaplatz mit der gleichnamigen Kirche, in vergleichsweise gutem Zustand. Östlich des Platzes liegt das Armenische Viertel, mit alten Gebäuden und dem Glockenturm der ebenfalls in den 30er

Jahren zerstörten armenischen St. Michaelskirche.

Das einstige jüdische Viertel befand sich nahe des Canyon, rund um den Hončarna – Turm der alten Stadtmauer. Nach der Zerstörung im 2. Weltkrieg wurde das Viertel weitgehend dem Erdboden gleichgemacht. Lediglich eine Synagoge blieb – umgebaut in ein Restaurant – erhalten.

Biegt man am Trynitars'kaplatz nach Südwesten ab, so geht es bald wieder bergab und man passiert die armenische Bastion der alten Stadtmauer. Wenige Meter weiter, befindet sich die engste Stelle der Flussschleife des Smotryč, die hier gerade 8 m beträgt. Überbaut wurde diese Engstelle im 17. Jahrhundert in Form der türkischen Brücke. Auf der anderen Seite der Brücke ragt die Burg, ein vieltürmiger Bau aus mittelalterlicher Zeit auf. Wie auch die Altstadt, ist sie auf einem steilen Felsen gelegen. Sie ist zu besichtigen und in der Räumen befindet sich ein ethnografisches Museum. Auch die Kellergewölbe, in denen gut inszenierte Darstellungen historischer Begebenheiten zu sehen sind, sind in die Ausstellung miteinbezogen. Das Museum ist als hervorragend zu bewerten. Daneben bestehen 3 Räume zur Zeitgeschichte. Einer davon wurde jüngst umgestaltet und beinhaltet nun eine Ausstellung über die Orangene Revolution. Die beiden anderen Räume behandeln die Geschichte der Stadt zu sowjetischen Zeiten. Faktisch wird jedoch nur der 2. Weltkrieg thematisiert. Die restliche Zeit, also Stalinismus und Nachkriegszeit ist unterrepräsentiert. Ein Festungsbau aus dem 16. bis 18. Jh. schließt sich an. Von der Brücke aus erkennt man rechter Hand, auf der anderen Seite des Tales, die Georgskirche mit ihren blauen Kuppeln und linker Hand, im Tal, eine kleine Holzkirche unmittelbar am Fluss. Auch das Tal ist mit kleinen Häusern bebaut. Insbesondere auf Grund der Burganlage, der Stadtbefestigungsanlagen und der harmonischen Einheit von Landschaft und Architektur bemüht sich die Stadt um Aufnahme der Stadt auf die UNESCO Liste als kulturelles Erbe der Menschheit. Eine Entscheidung steht jedoch noch aus.

1.5.3 Bewertung des Altstadtbildes

Was die Qualität der historischen Bauten betrifft, so stellen diese einzigartige Zeugnisse zahlreicher Kulturen, welche die Stadt geprägt haben, dar. Neben ukrainischen und russischen, findet man auch armenische, türkische, polnische, jüdische Bauten aus 7 Jahrhunderten. Sehr gut erkennbar ist die einstige Rolle der Stadt als Festungsstadt. Burg, Stadtmauern, Türme und Tore sind gut erhalten, und die Lage innerhalb des Canyons macht die Stadt zu einer natürlichen Festung. Eine detaillierte Beschreibung der historischen Bauten würde den Rahmen dieser Arbeit jedoch sprengen.[26]

Was das Gesamtbild betrifft, so muss gesagt werden, dass die Stadt immer noch eindrucksvoll wirkt. Insbesondere durch den Canyon unterscheidet sich das Bild der Stadt von anderen mittelalterlichen Städten.

16   Ein Großteil der Seitenstraßen wirkt ungepflegt

Verglichen jedoch mit alten Fotos, die eine dichte Bebauung und zahlreiche, während der Stalinzeit mutwillig zerstörte Kirchen zeigen, wirkt das, was heute zu sehen ist, fast traurig. Mit anderen Worten: ein nicht unerheblicher Teil der vor dem Krieg vorhandenen Merkzeichen ist verloren gegangen.

Man kann unschwer feststellen, dass die Altstadt, auf Grund der zahlreichen Baulücken und der ungepflegten Grünanlage des Marktplatzes – teilweise als

---

26   Empfehlenswert ist folgendes Buch: Deržavna turystyčna administracija Ukrajiny

Ziegenweide dienend - merkwürdig unvollständig wirkt. Der urbane Charakter, den dieser Platz zu Vorkriegszeiten hatte, ist vollständig verschwunden. Auf Grund dieser Unvollständigkeit erscheint auch eine Bewertung von Fassaden und Dachlandschaften wenig sinnvoll.

Die beiden nachfolgenden Skizzen, deren erste dem Verfasser dankenswerterweise vom städtischen Amt für Denkmalpflege zu Verfügung gestellt wurde, zeigen die Vorkriegssituation und den derzeitigen Zustand:

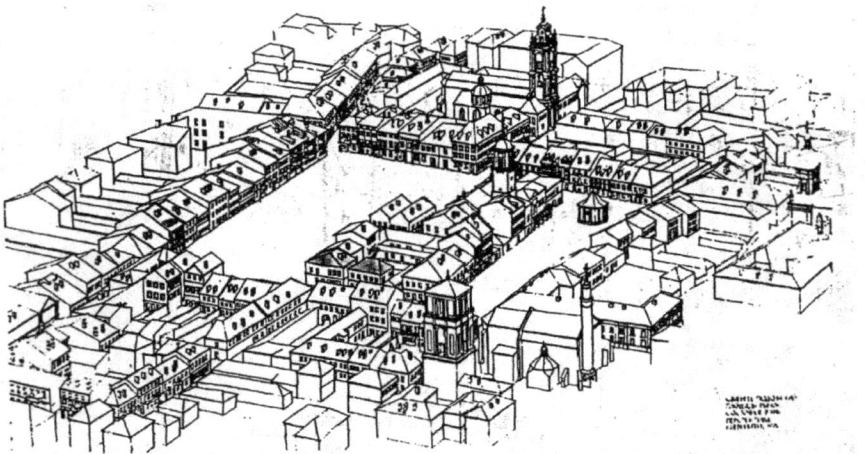

17   Vorkriegszustand des Pol's'kyj Rynok

(Hrsg.): Kam"janec'–Podil's'kyj, turystyčnyj putivnyk, L'viv 2003.

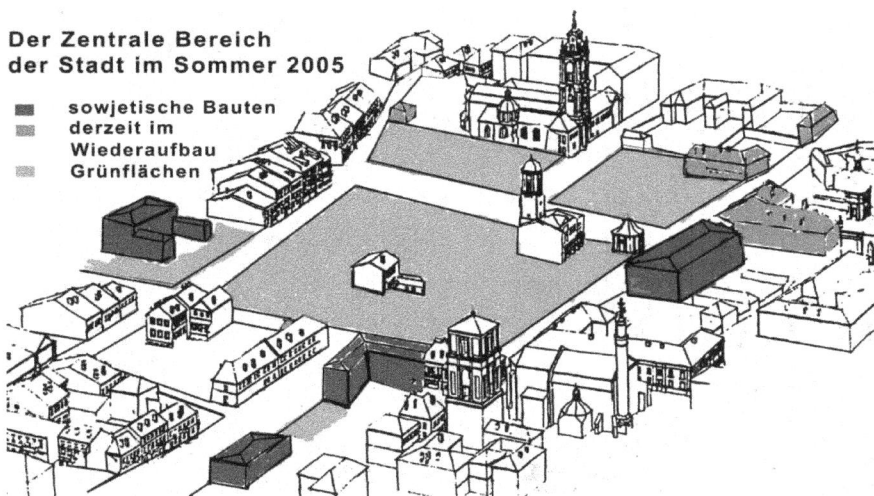

Der Zentrale Bereich der Stadt im Sommer 2005

- sowjetische Bauten
- derzeit im Wiederaufbau
- Grünflächen

18   Situation der Altstadt heute

19   Das alte Rathaus steht heute isoliert in einer Grünanlage

Es gibt nur wenige Geschäfte in diesem Stadtviertel, und auch die Wohnbevölkerung ist nach Angaben der Stadtverwaltung von etwa 20000 vor dem Krieg, auf etwa 4000 Personen zurückgegangen. Insbesondere die Gebäude in den Seitenstraßen sind in sehr schlechtem Zustand und auch das Straßenpflaster ist hier nur noch teilweise vorhanden. Auch Gras, das an vielen Stellen durch die Ritzen des Pflasters dringt hinterlässt einen starken Eindruck von Nachlässigkeit seitens der politisch Verantwortlichen.

Gestohlene Kanaldeckel an einigen Stellen machen insbesondere nachts den Spaziergang durch die Gassen zu einem nicht unerheblichen Risiko.

Auch im Hinblick auf Kontakträume ist die Situation als wenig befriedigend einzustufen. Lediglich vor dem alten Rathaus stehen einige Bänke. Die Grünanlage selber wirkt so wenig einladend, dass sie als Kontaktraum kaum in Frage kommt. Dieser negative Eindruck wird auch durch einen Kinderspielplatz an der Nord – Ost – Ecke nicht gemildert. So bleibt nur die vorhandene Freiluftgastronomie als Treffpunkt.

20   Gestohlene Kanaldeckel sorgen für unangenehme Überraschungen

2.   Bewertung der vorhandenen Infrastruktur

Nicht nur das natürliche touristische Angebot ist von Bedeutung. Dieses stellt zwar ein gewisses endogenes Potenzial dar. Um dieses Potenzial auch zu einem Erfolgsfaktor werden zu lassen, sind weitere Vorraussetzungen von entscheidender Bedeutung. Hierzu zählen die Verkehrsinfrastruktur, die Suprastruktur sowie das abgeleitete touristische Angebot. Im folgenden werden diese Punkte untersucht und bewertet.

2.1   Die Verkehrsinfrastruktur

Für eine touristische Destination ist es wichtig, gut erreichbar zu sein.

In wie weit das für Kam"janec'–Podil's'kyj gegeben ist, wird in folgendem Kapitel untersucht.

2.1.1 Straße / Individualverkehr

Während in westeuropäischen Ländern das Auto Verkehrsmittel Nummer eins ist, ist die Situation hierzulande noch anders. Längst nicht alle Ukrainer sind finanziell in der Lage, sich ein Auto zu leisten und wenn, dann handelt es sich oftmals um westliche Gebrauchtwagen oder um mehrere Jahrzehnte alte Autos aus sowjetischer Produktion. Somit kann man von einem wesentlich niedrigerem Motorisierungsgrad sprechen als in den Ländern der EU.

Zu dieser Situation trägt auch der seit einigen Monaten massiv steigende Benzinpreis bei. Dennoch soll die vorhandenen Straßeninfrastruktur an erster Stelle untersucht werden.

Kam"janec'–Podil's'kyj liegt an der Hauptdurchgangsstraße M20 Černivci – Chmel'nyc'kyj, welche Teil der internationalen Transitroute Istanbul – Moskau ist. Auch diesem Grund ist die Belastung durch den Schwerverkehr als gravierend einzustufen. Diese Straße durchquert das Zentrum der Stadt. Eine Umgehungsstraße gibt es derzeit nicht. Auch vierspurig ausgebaute Straßen sind in der Region nicht vorhanden. Da diese aber generell in der Ukraine selten sind, ist dies möglicherweise im internationalen Vergleich ein Standortnachtteil, nicht jedoch im innerukrainischen Wettbewerb.

Ansonsten gibt es nur Kreisstraßen, die aber recht gut ausgebaut sind.

Bei diesen genannten Straßengattungen ist auch der allgemeine Zustand als befriedigend einzustufen. Kleinere Straßen hingegen sind oft in sehr schlechtem Zustand. Teilweise sind nicht einmal Asphaltdecken vorhanden.

Die innerstädtischen Straßen sind ebenfalls in weniger gutem Zustand und weisen eine hohe Zahl von Schlaglöchern auf. Auch Kopfsteinpflaster ist häufig anzutreffen. Weniger als 2/3 der städtischen Straßen sind asphaltiert[27] Auf Grund der geringen Fahrzeugdichte ist die Parkplatzsuche bislang kein größeres Problem. Auch bewachte Parkplätze existieren, jedoch keine Parkhäuser oder Tiefgaragen.

Generell muss gesagt werden: die Erreichbarkeit per Straße ist gegeben, deren Standard ist jedoch weit vom internationalem Maßstab entfernt. Eine baldige Verbesserung der Situation ist auf Grund der wirtschaftlichen Schwäche des Landes nicht absehbar.

2.1.2 Schienenverkehr

Auf Grund des langen Anfahrtsweges von Westeuropa aus kommt die Anreise per PKW ohnehin nur für den Inlandstourismus in Frage. Lange Wartezeiten an den Grenzen tun ihren Teil dazu. Aus diesem Grund wird dem Kapitel Bahn etwas mehr Platz eingeräumt.

Die kürzeste Anreise per Bahn dauert von Berlin aus gut 34 Stunden, mit 2 Umsteigevorgängen und 6 Stunden Aufenthalt im polnischen Krakau. Fährt man vom polnischen Przemysl per Bus über die Grenze geht es schneller.

Eine Direktverbindung nach Kyjiv (24 Stunden) existiert vom Bahnhof Berlin Lichtenberg. Diese verläuft jedoch durch das nordukrainische Wolynien. Die Region Podillja ist von dort aus nur schwer, allenfalls per Bus erreichbar.

Der Bahnverkehr innerhalb der Ukraine ist noch stark sowjetisch geprägt, und gilt als bürokratisch, korrupt und ineffizient. Dies wirkt sich auch auf die zu untersuchende Region aus. Doch zunächst eine allgemeine Situationsbe-

---

27   Vgl. Mis"ka Rada Kam"jancja–Podil's'koho, Kompleksna Prohrama, S.11

schreibung des ukrainischen Bahnverkehres:

Wie zu Sowjetzeiten verkehren Fernzüge im allgemeinen nachts. Pro Relation besteht ein Zugpaar täglich. Dabei haben sich die Zugläufe in den letzten Jahren nur wenig geändert. Immer noch verkehren Züge vom moldawischen Chişinau durch ukrainisches Gebiet nach Moskau, von Kyjiv über weißrussisches Territorium nach St. Petersburg oder aus der Ostukraine in den kleinen Kurort Trus'kavec' in den Karpaten. Umsteigevorgänge sind im allgemeinen nicht vorgesehen und sind, wenn nötig, auf Grund der geringen Zugdichte mit langen Wartezeiten verbunden. Zudem werden die Fahrkarten generell nur in Verbindung mit einer reservierten Platzkarte ausgegeben. Es besteht absolute Zugbindung. Kann der Zug nicht erreicht werden, so verfällt die Karte ersatzlos. Sind alle Plätze vergeben, werden auch keine Tickets mehr verkauft. Auch im Sommer 2005 erlebte der Verfasser mehrfach, dass die Nachfrage nach Bahnfahrkarten bei weitem nicht befriedigt werden kann. Was für die nächtlichen Streckenanteile in gewisser Hinsicht noch Sinn macht, für die Abschnitte am Tage ist dies kaum noch nachvollziehbar. Zumindest hier sollte das Prinzip der Zugbindung aufgegeben werden, um eine höhere Flexibilität für den Reisenden zu ermöglichen. Reservierungsfreie Abteilwagen, wie man sie aus Deutschland oder anderen EU Ländern kennt, gibt es nicht. Es existieren ausschließlich Liege- und Schlafwagenzüge in 3 verschiedenen Kategorien.

Des weiteren kommt erschwerend hinzu, dass nur die Fahrkarten für d i e Züge an den jeweiligen Bahnhöfen verkauft werden, die hier auch verkehren, nicht jedoch Fahrkarten für Züge anderer Landesteile. Ob dies auf fehlende technische Voraussetzungen oder lediglich auf die Lustlosigkeit des Verkaufspersonals zurückzuführen ist, kann nicht mit letzter Sicherheit geklärt werden. Jedenfalls ist der Reisende gezwungen, sich bei jedem Umsteigevorgang neu anzustellen, was auf Grund der langen Schlangen vor den Schaltern eine zusätzliche Belastung darstellt.

Die Preise für Bahnfahrten sind für westliche Besucher nach wie vor sehr billig, aber mit Ausnahme einiger weniger Expresszüge, sind Komfort, wie auch die hygienischen Verhältnisse der Toiletten kaum für westliche Besucher akzeptabel.

Bei Durchschnittsgeschwindigkeiten von etwa 50 km/h ist die Dauer der Reisen auch entsprechend lang.

Daneben existiert ein System von Nahverkehrszügen, das unabhängig vom Fernbahnsystem betrieben wird. Die Nahverkehrskassen befinden sich nicht selten in einem anderen Teil des Bahnhofes, was für sprachunkundige Besucher ein weiteres Orientierungsproblem darstellt. Auch sind die Nahverkehrszüge auf den Fahrplänen häufig nicht verzeichnet. Da auch diese selten verkehren und auf Grund der häufigen Zwischenhalte nur sehr langsam fahren sind diese keine wirkliche Alternative. Auch der geringe Komfort, dank harter Holzbänke sorgt für eine geringe Attraktivität des ukrainischen Nahverkehrs.

Fahrpläne sind häufig sehr unübersichtlich, da sie oftmals in aufsteigender Reihenfolge nach Zugnummern, nicht aber chronologisch geordnet sind. Gelegentlich existieren einzelne Fahrplanabschnitte mit groben Richtungsangaben.

Kam"janec'–Podil's'kyj ist von Kyjiv aus mit einem Paar von Nachtzügen erreichbar. Zudem verkehren 3 Paare von Nahverkehrszügen nach Chmel"nyc'kyj.[28] Auf Grund schlechter Anschlüsse in Chmel'nyc'kyj. ist die Westukrainische Metropole L'viv hingegen per Bahn nur schwer erreichbar.

Ein zweites Zugpaar der Relation Kyjiv – Černivci hat seine Route vor einigen Jahren verlegt und fährt die Stadt Kam"janec' nicht mehr an. Dies hängt damit zusammen, dass die Bahntrasse südlich von Kam"janec' 2x moldawisches Gebiet kreuzt. (Für jeweils etwa 20 km Strecke) Somit waren vier Grenzkontrollen nötig.

---

[28]   Vgl. www.uz.gov.ua/elektropz/otd3/18.htm. Dies ist die Webseite der staatlichen Bahngesellschaft

21 Der Fahrplan am Bahnhof Kam"janec': Für Sprachunkundige kaum verständlich

Da man zu pragmatischen Lösungen offenbar nicht bereit war – etwa: Passieren des moldawischen Territoriums ohne Halt, oder Passkontrolle auf dem Bahnsteig – ist auch Černivci von Kam"janec' nicht mehr per Schiene erreichbar. Dies ist um so bedauerlicher, da beide Städte über eine hohes touristisches Potenzial verfügen. Eine Direktverbindung wäre also wünschenswert.

Der Bahnhof liegt am nördlichen Rand der Stadt, etwa 2 km vom Zentrum und gut 3 km von der Altstadt entfernt. Vom Bahnhof zur Altstadt besteht keine umsteigefreie Busverbindung. Auch Ausschilderungen oder Hinweisschilder am Bahnhof sind bislang nicht auffindbar. Auch spricht keiner der Bahnhofsmitarbeiter eine Fremdsprache, wie seitens der Bahnhofsvorsteherin zugegeben wurde. Der Busbahnhof befindet sich etwa 1,5 km südlich des Bahnhofes am Rand des Zentrums. Direkt neben dem Busbahnhof verläuft die Bahntrasse. Als abschließendes Ergebnis der Bewertung der Bahn ist festzuhalten, dass dieses Angebot völlig ungenügend ist. Dies betrifft sowohl die Situation vor Ort, als auch im ganzen Land.

2.1.3 Busverkehr

Angesichts des geringen Motorisierungsgrades der Bevölkerung, als auch des katastrophalen Bahnsystems war es nötig, ein weitere Mobilitätssäule zu schaffen. Diese stellt der Busverkehr dar. Dieser ist gut ausgebaut: Überlandbusse stellen Verbindungen ins ganze Land her. So gibt es mehrere Direktverbindungen von Kam''janec'–Podil's'kyj nach Kyjiv, und selbst das ostukrainische Donec'k oder auch die Schwarzmeerküste ist per Bus direkt erreichbar.

Selbst kleinere Städte verfügen über Busbahnhöfe, und so kann der Linienbusverkehr als d i e Säule der Mobilität im Lande bezeichnet werden. Die Preise sind allerdings auch deutlich höher als bei der Bahn.

Eine Ergänzung stellen kleine - Maršrutka genannte – Minibusse dar, die das Angebot vervollständigen. Engpässe wie auch bei der Bahn, gibt es gelegentlich ebenfalls, jedoch seltener. Ein Problem hingegen ist der technische Zustand der Fahrzeuge, denn auch diese sind oft mehrere Jahrzehnte alt. Ein weiteres Manko ist, dass die Busverbindungen zumeist sternförmig aus den Zentren in die Region verlaufen. Querverbindungen hingegen sind selten.

Generell festzuhalten ist, dass sowohl für Einheimische, als auch für Touristen ohne Busverkehr die Mobilität stark eingeschränkt wäre. Durch dieses, als recht gut zu bezeichnende System wird der durch das als negativ beurteilte Bahnsystem erzeugte Mangel zumindest teilweise wieder aufgefangen.

2.1.4 Flugverkehr

Auf Grund der großen Entfernung der Ukraine von Westeuropa aus, kommt auch dem Flugverkehr eine große Bedeutung zu.

Kyjiv ist von den meisten deutschen Flughäfen direkt zu erreichen. Die westukrainische Metropole L'viv wird u.a. von Frankfurt, Wien und Warschau aus direkt angeflogen.

Mit Preisen ab etwa 300,- € sind diese Flüge noch vergleichsweise teuer. Billigfluglinien existieren in die Ukraine noch nicht.[29] Die Bezirksstädte Chmel'nyc'kyj und Černivci verfügen zudem über regionale Flughäfen, die im innerukrainischen Verkehr angesteuert werden. Online sind Flüge zu diesen kleinen Destinationen jedoch nicht buchbar. Erschwerend kommt hinzu, dass der Internationale Flughafen (Borispil) und der Flughafen für innerukrainischen Verkehr (Žuljani), sich in völlig anderen Stadtteilen von Kyjiv befinden. Zwischen diesen beiden Flughäfen liegen etwa 30 km Fahrstrecke. Keiner dieser Flughäfen verfügt über S-Bahn oder Metroanschluss.

Zusammenfassend lässt sich sagen: Auch was den Flugverkehr betrifft, ist die Region auf internationale Gäste nicht vorbereitet.

Es ist unschwer zu erkennen, dass die Infrastruktur insgesamt als mangelhaft anzusehen ist. Für die weitere touristische Erschließung des Landes, als auch für die Erhöhung der Attraktivität der Ukraine als Reiseland, stellt dieses Manko somit eines der Haupthindernisse dar, der vermutlich allenfalls mittel- bis langfristig behoben werden kann.

2.2   Die Suprastruktur

Die Suprastruktur, also Gastronomie und Hotellerie, ist elementarer Bestandteil einer touristischen Infrastruktur. Jeder Übernachtungsgast wird in jedem Fall auf die eine oder andere Weise mit dem gastronomischen Sektor in Berührung kommen. Selbst wenn er nicht vor Ort übernachtet, ein Restaurant oder ein Café wird er in jedem Fall besuchen. In jedem Fall werden Gastronomie und Hotellerie einen bleibenden Eindruck bei den Besuchern hinterlassen. Deren Zufriedenheit mit den Leistungen und dem Service kann also entscheidend sein, wenn es darum geht, die Destination weiter zu empfehlen oder weitere eigene Besuchen in näherer Zukunft zu planen.

---

[29]   Nach jüngsten Informationen ist für das Jahr 2006 jedoch die Einrichtung einer Billigflugverbindung von Berlin nach Kyjiv geplant.

2.2.1 Die Gastronomie

Wie auch der Einzelhandel, so ist auch ein Großteil der gastronomischen Betriebe in der Neustadt zu finden. Hier herrscht eine große Dichte von kleinen Bars, Cafés, Imbissständen oder Schaschlikgrills.

Die meisten davon befinden sich in der Umgebung des zentralen Marktes. Innerhalb der Altstadt wurden nur 9 Restaurants und Bas ausfindig gemacht. Keine Gaststätte oder Café gibt es auf dem Gelände der Burg. Überwiegend findet man Restaurants mit ukrainischer Küche. Was internationale Küche betrifft, so sind einige Pizzerias zu finden. Ansonsten findet man Lokale mit Spezialitäten aus verschiedenen Teilen der ehem. Sowjetunion.

Auffallend ist eine große Zahl von Straßencafés, was der Innenstadt vor allem im Sommer ein südländisches Gepräge verleiht.

Pub-ähnliche Kneipen, wie man sie beispielsweise in Polen allenthalben findet, gibt es hier noch keine, was angesichts der hohen Zahl von jungen Leuten verwundert. Auch Cafés mit Live Musik waren keine zu finden. Auch das wurde mit Bedauern zur Kenntnis genommen, denn nach Aussage mehrerer Gesprächspartner gibt es eine lebendige Musikszene vor Ort. Auftrittsmöglichkeiten für die örtlichen Bands sind also bisher Mangelware. Discoabende finden im städtischen Kulturhaus sowie in einem größeren Hotelkomplex statt. Zusätzlich gibt es einige Billardcafés. Im Verlauf des Aufenthaltes vor Ort wurden 9 gastronomische Betriebe besucht, davon 4 innerhalb der Altstadt.

Die Preise waren durchwegs günstig: Für 3 – 5 € erhält man ein vollständiges 3-Gänge Menu incl. Getränk. Die Qualität des Essens war in allen besuchten Lokalen gut bis sehr gut. Das Preis-Leistungsverhältnis ist somit ebenfalls als sehr gut einzustufen. Die Einrichtung der besuchten Betriebe ist zumeist einfach und zweckmäßig, lässt aber manchmal etwas an Gemütlichkeit zu wünschen übrig. Negativ anzumerken ist auch der oftmals unfreundliche Service und die langen Zeiten bis man als Gast überhaupt wahrgenommen wird. Ebenfalls negativ wahrgenommen wurde die meist laute Radiomusik mit einfach produzierter russischer Popmusik.

Das gravierendste Problem freilich sind die oftmals fehlenden Toiletten. Das gilt selbst für neu eröffnete Betriebe. Eine gesetzliche Regelung, wonach Toiletten in Gaststätten vorhanden sein müssen scheint in der Ukraine also zu fehlen.

22   In der Neustadt gibt es auch eine Pizzeria, (mit Plastikpalme)

Zusammenfassend lässt sich also sagen: das Angebot ist im Prinzip vorhanden. An der Qualität des Essens ist nichts auszusetzen. Der Service und die Freundlichkeit müssen sich jedoch noch deutlich verbessern. Auch etwas mehr Fingerspitzengefühl bei der Auswahl der Hintergrundmusik ist zwingend erforderlich. Dasselbe gilt für die Bandbreite des Angebotes.

2.2.2 Die Hotellerie

Die Hotels der Ukraine unterscheiden sich z.T. stark von denen westlicher Staaten. Unternimmt man den Versuch, diese in westliche Standards einzuordnen fällt dies oftmals schwer. Viele kleinere Hotels würden bei uns vermutlich eher den Status einer Pension bekommen, da diese nur in Ausnahmefällen über eine eigene Gastronomie verfügen. Auch Frühstück ist nur selten erhältlich.

Das Angebot an Hotelbetten hat sich in den letzten Jahren deutlich erhöht.

Bestanden zu Sowjetzeiten nur 2 große Hotels im Stadtzentrum, so hat sich deren Zahl mittlerweile auf 6 erhöht. Eines befindet sich in der Altstadt, ein weiteres außerhalb der Altstadt, aber in unmittelbarer Nähe der Burg. Dazu kommen einige privat geführte Minihotels, sowie ein Motel am nördlichen Stadtrand. Somit besteht derzeit eine Kapazität von 660 Betten.

Die beiden Hotels aus sozialistischen Zeiten machen außen wie innen einen wenig einladenden Eindruck. Beide sind jedoch von ein und demselben Investor aus Kyjiv gekauft worden. Totalsanierungen sind angekündigt. Dabei soll das Hotel Smotryč, das größere der beiden, künftig das mittlere Preissegment (DZ ca. 18,- €), das kleinere, das Hotel Ukrajina, das Luxussegment abdecken, was dank der Ausstattung in monumentalem Stalinstil der 50er Jahre mit Kronleuchtern und Stuckdecken auch nachvollziehbar ist. Die meisten anderen Hotels sind private Einrichtungen, die überwiegend das mittlere Preissegment abdecken. Zu erwähnen ist dabei das Hotel Filwarki Centr, das aufgrund seines umfassenden Freizeitangebotes mit Cafeteria, Sauna, Nachtclub + Disco, Tennisplatz und Fahrradverleih das wohl interessanteste Angebot darstellt. Auf den Verfasser machte dieses Haus, sowohl was Freundlichkeit des Personals, als auch Professionalität des Rezeptionsdienstes betrifft, den besten Eindruck.

Ein kleines neues Hotel in der Altstadt, das Hotel Hetman, besteht ausschließlich aus Suiten und richtet sich damit an die wohlhabenden Gäste.

Mit Preisen von 60,- € bis 75,- € pro Suite ist dieses für westliche Besucher immer noch günstig. Alle besuchten Hotels verfügen über Zimmer mit Dusche und WC, was für ukrainische Verhältnisse nicht selbstverständlich ist.

Was die Zukunft betrifft, so ist zu erwähnen, dass die Errichtung zahlreicher neuer Hotels geplant ist, so dass sich binnen der nächsten zehn Jahre die Bettenzahl von derzeit 660 auf runde 1000 erhöhen wird. [30]

2.2.3 Sonstige Übernachtungsmöglichkeiten

An weiteren Übernachtungsmöglichkeiten ist die Turbaza Podoljanka zu erwähnen. Diese befindet sich nahe des Filwarki Zentr und Galahotel oberhalb des Smotryč Canyons. Dabei handelt es sich um mehrere Bungalows aus sowjetischer Zeit mit großem Freigelände. Es steht sowohl Gruppen, als auch Einzelpersonen zu Verfügung und ist mit Preisen von ca. 5,- € die billigste Unterkunft vor Ort.

Auch in den Nebengebäuden der polnischen Kathedrale gibt es eine Übernachtungsmöglichkeit. Dieses Angebot richtet sich in erster Linie an polnische Gruppen und wird nicht näher bekannt gemacht. Eine Privatzimmervermittlung existiert derzeit noch nicht, ist aber laut touristischem Entwicklungsplan vorgesehen. Dasselbe gilt für einen Campingplatz.

---

[30]   Vgl. Stadtverwaltung Kam"janec'–Podil's'kyj touristischer Entwicklungsplan, S. 57.

23   Die Lage der Hotels ist diesem Plan zu entnehmen

3.   Das touristische Angebot

Neben dem endogenen Potenzial einer Destination, sowie dem elementaren Angebot einer funktionsfähigen Suprastruktur, sind auch abgeleitete Angebote, wie Freizeitinfrastruktur oder kulturelle Angebote von entscheidender Bedeutung. Diese nutzen sowohl dem Einheimischen wie auch dem Gast und sind als so genannte weiche Faktoren zu bezeichnen. Das Vorhandensein solcher Faktoren vermittelt gewissermaßen ein Stück Lebensqualität, welche die Attraktivität einer Destination entscheidend erhöhen kann. Der Aufbau dieser Faktoren wird sicher in erster Linie auf Grund touristischer Entwicklungsplanungen geschehen. Bei einer guten Entwicklungsplanung wird aber darauf geachtet, dass der Einheimische an diesen Angeboten ebenfalls teilhaben und davon profitieren kann. Es wird im folgenden untersucht, in wie weit wünschenswerte touristische Angebote vorhanden sind, und diese werden bewertet.

3.1   Touristinformation

Touristische Informationszentren sind in der Ukraine bislang selten. Diese sind ein klassischer Bestandteil für eine touristische Infrastruktur, die auf Individualtouristen zugeschnitten ist. Da, wie schon in den vorangegangenen Kapiteln erwähnt, der Tourismus in der Sowjetunion in Form von organisiertem, kollektivem Massentourismus völlig anders aufgebaut war, war auch die Existenz von Informationszentren nicht erforderlich. Im Gegensatz zu den anderen mittel- und osteuropäischen Umbruchstaaten, wie etwa Polen, das Baltikum oder Rumänien tut man sich bislang schwer mit dem Aufbau einer neuen touristischen Infrastruktur.

So ist man auch in Kam"janec–Podil's'kyj hierbei erst im Anfangsstadium. Ein touristisches Informationszentrum existiert seit Frühjahr 2005 und wird von dem ebenfalls neu geschaffenen Tourismusverband betrieben. Auf diesen Verband wird im folgenden Kapitel noch näher eingegangen.

Es handelt sich dabei um ein sehr kleines Büro in einem günstig gelegenen

Gebäude, unmittelbar gegenüber des alten Rathauses. Im selben Gebäude befindet sich ein Souvenirladen, in dem Reiseführer, Broschüren und Merchandisingartikel verkauft werden. Dieses Büro ist für ausländische Besucher kaum wahrnehmbar, da die Beschriftung ausschließlich in der Landesprache angebracht ist. Dabei existiert – im Gegensatz zum russischen – im ukrainischen das lateinische „i" als Buchstabe. Das international verwandte Symbol: weißes i auf blauem Grund, könnte also auch hier verwendet werden, ohne das ukrainische Gäste benachteiligt werden. Die in westlichen Ländern zum Standard gewordenen großen und dekorativen Schaufenster für Touristinformationen sind auf Grund der Räumlichkeiten hier nicht umsetzbar.

24   Die Touristinformation in der Altstadt

Die Leiterin der Einrichtung, und auch die weiteren Mitarbeiter sind freundlich und hilfsbereit. Laut deren Aussage spricht eine weitere Mitarbeiterin fließend englisch. Während der gesamten Zeit des Aufenthaltes vor Ort konnte diese jedoch nicht einmal angetroffen werden.

Auch die Öffnungszeiten sind nicht verbindlich und so war das Büro nicht selten geschlossen. Das vorhandene Prospekt- und Informationsmaterial ist dürftig, ist aber im Vergleich zur Situation vor wenigen Jahren, als es überhaupt nichts gab, ein Schritt in die richtige Richtung. Zwei recht ähnliche Broschüren, in ukrainischer und englischer Sprache, mit Innenstadtplan auf der Rückseite, sind für etwa 1,- € erhältlich. Diese Broschüren, die den Anspruch an eine Infobroschüre voll und ganz erfüllen, sollten jedoch kostenlos erhältlich sein. Veranstaltungskalender, Kulturprogramme sowie Unterkunftsverzeichnisse sind bisher nicht erschienen. Informationsmaterial über die Umgebung ist hier ebenfalls nicht zu bekommen. Das sei nicht Aufgabe des städtischen Tourismusverbandes, sondern des Verbandes des Landkreises, so konnte der überraschte Verfasser hier erfahren. Auch eine Webseite ist derzeit noch in Arbeit. Führungen, Ausflüge und Packages für die Gäste werden nicht angeboten, es wird jedoch mit einer Incomingagentur kooperiert.

Als Gesamtbewertung des Büros ist zu sagen: Es ist ein Schritt in die richtige Richtung. Vom erforderlichen Standard einer professionell arbeitenden Touristinformation ist dieses Büro jedoch noch weit entfernt.

3.2   Touristische Leitsysteme

Man stelle sich vor: Ein ausländischer Tourist, der Landesprache nicht mächtig, kommt abends in die Stadt. Das Informationsbüro ist bereits geschlossen. In diesem Fall ist er angewiesen auf ein touristisches Leitsystem. Dieses existiert hier bislang nur ansatzweise.

An den Hauptstraßen, die auf die Stadt zu führen stehen einige Hinweisschilder: „Kam"janec'–Podil's'kyj, Architekturhistorisches Denkmal" Auch einige der Hotels innerhalb der Stadt sind ausgeschildert. Eine Ausschilderung an Bahnhof oder Busbahnhof existiert überhaupt nicht. Auch aushängende Stadtpläne sind dort nirgends zu finden.

Taxis stehen zwar überall bereit, aber keine umsteigefreien Busverbindungen. In jedem Fall ist ein Umstieg in der Nähe des Marktes erforderlich.

Innerhalb der Altstadt, auf dem polnischen Markt stehen einige Infotafeln über die Stadt und auch über die Besonderheiten der Landschaft. Will man die landschaftlichen Besonderheiten der Stadt, insbesondere den Smotryč Canyon kennen lernen, ist man auf seinen persönlichen Spürsinn angewiesen. Auch hier lässt sich also sagen: erste positive Ansätze sind vorhanden, aber das Angebot ist bislang noch völlig unzureichend.

3.3 Freizeitangebot

Jeder Gast, der länger vor Ort ist, möchte nicht nur Museen, Kirchen oder sonstige historische Sehenswürdigkeiten betrachten. Er möchte sich auch erholen, Kulturangebote wahrnehmen, oder abends ausgehen. In wie weit dies hier möglich ist, zeigt das folgende Kapitel.

3.3.1 Naturtouristische Angebote

Wie schon beschrieben, sind die natürlichen Vorraussetzungen für Naturtourismus hervorragend. Landschaftliche Schönheiten existieren in großer Zahl, aber die genaue Lage bleibt den Besuchern der Destination bisher weitgehend verborgen.

Wanderwege

Leider ist man hier als Individualtourist nach wie vor alleingelassen. Weder im Stadtgebiet, noch im Kreis wurde auch nur ein einziger markierter Wanderweg wahrgenommen. So ist selbst innerhalb der Stadt das Stadttor „Rus'ka Brama", von der türkischen Brücke aus, nur auf Trampelpfaden zu erreichen. Die Wege von der Burg flussabwärts enden nach etwa 3 km in den Brennnesseln und die Holzkirche am Ufer der Flusses ist nur über eine, zwar romantische, aber auch bedrohlich schwankende Hängebrücke zu erreichen.

Fahrradtourismus

Sowohl für Mountainbiking, als auch für Touren über die kleinen Nebenstraßen bietet die Region reichlich Möglichkeiten. Angebote für Fahrradtourismus gibt es bislang ebenfalls kaum, da diese - im Westen sehr populäre - Form des Tourismus hierzulande kaum bekannt ist. Erst seit wenigen Jahren sind brauchbare Fahrräder im Land erhältlich. Auch in Kam"janec' ist es möglich, ab etwa 60,- € einfache Mountainbikes zu erwerben. Lediglich das Hotel Filwarki Centr hat einen Fahrradverleih. Ausgeschilderte Wege hingegen sucht man vergeblich. Ein dichtes Netz an Feldwegen existiert in der Region, die sich zu einem Netz zusammenfügen lassen könnten. Die Täler jedoch sind weitgehend weglos. Hier sind mittelfristig größeren Investitionen unumgänglich, um das Potenzial, das gerade die Täler mit sich bringen, nicht ungenutzt zu lassen.

Reittourismus

Ähnlich verhält es sich mit reittouristischen Angeboten. Pferde sind in der Landwirtschaft hierzulande noch häufig im Einsatz. Eine Schaffung derartiger Angebote, als auch die entsprechende Ausschilderung wäre also zu bewerkstelligen.

Klettern

Die Region verfügt über eine große Zahl von sehr rauen und festen Kalkfelsen. Dies sowohl in Form von Wänden in den Tälern, als auch in Form von freistehenden turmartigen Felsformationen am Dnister. In der Nähe der Neustädter Brücke stecken einige neue Haken. Die Routen sind hervorragend abgesichert. Dies betrifft allerdings nur die sehr schweren Routen, etwa ab dem VI. Schwierigkeitsgrad.

Als Kletterdestination ist Kam"janec' landesweit ein Begriff. Selbst von Kyjiv aus fahren Kletterer über das Wochenende nach Podillja. Außer diesem einen, recht kleinen Klettergebiet, konnten keine erschlossenen Felsen in der Region ausfindig gemacht werden. Läden für Klettermaterial, also Seile, Schlingen, Karabiner und Gurte sind vor Ort nicht vorhanden.

Speleotourismus

Das Gebiet links und rechts des Zbruč ist für seine weit ausgedehnten Höhlensysteme bekannt. Dabei handelt es sich um labyrinthartige, oftmals mehrgeschossige Systeme in Kreide- und Kalkfelsen. Die größten davon liegen im Bezirk Ternopil'. Mit der „Pečera Optymystyčna", mit einer Gesamtlänge von über 200 km befindet sich in Podillja eine der längsten Höhlen der Welt.

Hier, nahe der Stadt Borščiv befindet sich mit der Kryštalevahöhle auch eine touristisch erschlossene, elektrisch beleuchtete Schauhöhle.

Die längste Höhle im Bezirk Chmel'nyc'kyj ist die Atlantidahöhle, mit etwa 3 km Länge.

Diese ist touristisch nicht erschlossen. Weitere kleinere Höhlen befinden sich im Smotryčtal bei Nigin und am Dnister. Alle Höhlen werden von Speleologen aus Ternopil' oder Chmel'nic'kyj betreut. Diese bieten auf Anfrage Führungen an. Kontaktadressen sind jedoch nur schwer erhältlich, so dass für viele Gäste der Besuch einer Höhle bislang kaum möglich ist. Auch organisierte Führungen, durch örtliche Incomingagenturen, sind nicht im Angebot.

25   Versteckter Strand nahe Bakota

3.3.2 Wassertouristische Angebote

Mit den landschaftlich reizvollen Tälern der Region, wie auch mit dem Dnisterstausee verfügt die Region über ein wassertouristisches Potenzial, das noch zu erschließen ist. Nahe des Dorfes Ustja am Dnister gibt es eine Turbaza mit Sandstrand. Hier stehen einige Tretboote zu Verfügung.

An Smotryč und Zbruč existiert bislang kein Bootsverleih, obwohl für diese beiden Täler guten Chancen bestehen, sich mittelfristig als Kanudestination zu etablieren.

Überall an den Flüssen findet man kleine versteckte Sand- und Kiesstrände. Bademöglichkeiten sind also gegeben. Auch diese müssen freilich selbständig entdeckt werden. Angelegte Strände mit sportlicher Infrastruktur, wie etwa Beachvolleyballplätzen, hingegen sind die absolute Ausnahme.

Passagierschifffahrt existiert bisher nur auf Anfrage. Schnelle Tragflügelboote, wie sie auf dem Dnipro bei Kyjiv oder auf dem ukrainischen Arm der Donau seit Jahren verkehren, sind hier nicht vorhanden. Dabei bietet das tief eingeschnittene Tal des Dnister genug landschaftliche Reize, um touristisch erschlossen zu werden. Nur an wenigen Stellen führen Straßen durch das Tal. Die wenigen Dörfer am Ufer sind über Stichstraßen zu erreichen. Es bestehen also bislang nur wenige Möglichkeiten, die landschaftlichen Schönheiten des Tales zu entdecken.

Einige Incomingagenturen führen mehrtägige Katamaranfahrten auf dem Fluss durch. Allerdings gilt auch dieses Angebot nur für Gruppen. Als Individualtourist besteht bislang keine Möglichkeit, sich anzumelden.

Jachten sind bisher sehr selten, und Hausboote, wie man sie aus Frankreich kennt, sind gänzlich unbekannt. Dies beides hat sicher auch etwas mit der wirtschaftlichen Schwäche des Landes zu tun, die schon öfter zur Sprache kam.

Da sowohl Angeln als auch Baden zu den ganz großen Leidenschaften der Ukrainer zählt, ist davon auszugehen, dass für eine wassertouristische Erschließung der Region auch bei den politisch Verantwortlichen eine gewisse Offenheit besteht.

3.3.3 Kulturelle Angebote und Veranstaltungen

Nach einem anstrengenden Besichtigungsprogramm oder einer langen Wanderung ist es das natürliche Bedürfnis eines jeden Gastes, abends auszuspannen, ins Kino zu gehen, oder ein Konzert oder einen Jazzclub zu besuchen.

Da die Stadt laut Entwicklungsplan sich als Kulturstadt sieht, ist es nötig, das Angebot an kulturellen Veranstaltungen näher zu beleuchten. Alle nachfolgenden Einrichtungen befinden sich außerhalb der Altstadt.

Im Zentrum von Kam"janec'–Podil's'kyj gibt zwei Kulturhäuser. Hier finden sporadisch Konzertveranstaltungen oder folkloristische Events statt. Ein gedruckter Veranstaltungskalender ist nicht erhältlich und so ist auch hier der Gast auf seinen eigenen Spürsinn oder seine Sprachkenntnisse angewiesen, um das Programm auf eigene Faust herauszubekommen. Jedes Wochenende finden hier Discoveranstaltungen statt. Diese Discoabende sind meist von wenig attraktiver russischer Popmusik geprägt und somit für ausländische Gäste nur bedingt zu empfehlen. Eine weitere Disco gibt es im Hotel Filvarki Centr. Discotheken mit alternativerem Programm, also internationale Rock- und Independentmusik, gibt es keine. Selbst die, vom Verfasser als qualitativ äußerst hochwertig empfundene, ukrainische und russische Rock- und Folkmusik wird kaum gespielt.

Auch kleinere Clubs mit Livemusik sind nicht vorhanden. Es ist also festzuhalten: Trotz der hohen Zahl an Studenten und der auch sonst günstigen demographischen Vorraussetzungen sind keinerlei Angebote im Bereich der Subkultur zu finden. Lediglich auf einer Freilichtbühne in einem der Parks im Zentrum finden gelegentlich sommerliche Konzerte statt.

Ferner gibt es zwei Kinos. Davon ist eines dauerhaft, das andere zeitweilig geschlossen. Somit bleiben dem Gast lediglich die vielen Biergärten und Straßencafés, um sich abends erholen zu können. Von einem Kulturprogramm, wie man es von einer Studentenstadt von 100000 Einwohnern bzw. von einer Stadt, die sich als Kulturstadt positionieren will, kann man also kaum sprechen.

Neben regelmäßigen Angeboten finden gelegentlich Events und Festivals statt. Dabei handelt es sich um historische Festivals, mit Ritterfestspielen, mittelalterlichen Märkten und Veranstaltungen, die einen Bezug zur Stadtgeschichte haben. Beispiele sind das Kosakenfestival oder das Festival der sieben Kulturen. Es ist geplant jährlich derartige Events zu organisieren.

Solche Events sind nach Meinung des Verfassers sehr förderlich, um die Stadt als Destination für Kultur und Festivaltourismus zu etablieren. Auf Grund der historischen Bauten und der spektakulären Lage sind die Bedingungen hierfür günstig. Dennoch darf es dabei nicht bleiben. Neben derartigen Großveranstaltungen muss sich auch eine „kleine" Kulturszene etablieren, die unabhängig von den großen Events auch regelmäßige kulturelle Veranstaltungen und Konzerte durchführt.

3.3.4 Sonstiges

Auch die sportlichen Möglichkeiten sind begrenzt. Zwar existieren mehrere Stadions, diese auch in gutem Zustand. Für Touristen sind diese jedoch wenig relevant.

Ein Schwimmbad gibt es lediglich auf dem Gelände des Elektrokombinates. Für die Bevölkerung ist eine Nutzung dieser Einrichtung zwar eingeschränkt möglich, für Touristen ist dies aber nicht von Bedeutung, zumal sich die genannte Fabrik weit außerhalb befindet.

Ferner gibt es einige finnische Saunas zum Preis von etwa 5,- € pro Stunde.

Eine landestypische Banja, mit einer Dampfsauna, in der man sich gegenseitig mit Birkenzweigen massiert, gibt es zwar in der Altstadt. Da diese Prozedur für Nicht-Ukrainer oder -Russen sehr fremdländisch ist, ist auch diese, trotz der äußerst niedrigen Preise, kaum als touristisches Angebot zu werten. Auch die hygienischen Verhältnisse sind sehr gewöhnungsbedürftig.

Ein botanischer Garten existiert zwar, verdient diesen Namen jedoch kaum noch, da er weitgehend verwildert ist.

Ferner wurde ein so genannter „Park Atrakcioniv", also eine Art Vergnügungspark entdeckt. Hier gibt es ein sehr langsames Riesenrad, zwei Karussells, einen Schießstand sowie eine Art Biergarten. Dieser Park bietet somit Abwechslung für maximal eine Stunde.

Spektakulär ist ein Angebot an der Brücke, wo die M 20 nach Černivci den Canyon überquert: Hier existiert seit einigen Jahren eine Installation für Bungeejumping. Diese macht einen professionellen Eindruck und wird nach eigener Beobachtung auch genutzt. Da durch dieses Angebot auf Grund seines extremen Charakters nur eine sehr kleine Zielgruppe angesprochen wird, kann es aber allenfalls als ergänzendes Angebot gewertet werden.

3.4 Einkaufsmöglichkeiten

Die Einkaufsmöglichkeiten sind elementarer Bestandteil der Infrastruktur. Dies gilt sowohl für das allgemeine Angebot, als auch für das Angebot für Touristen. Auf Grund der oftmals höheren Kaufkraft der Touristen ist es auch im volkswirtschaftlichen Interesse, die Einkaufsmöglichkeiten gerade in touristischen Destinationen auszubauen.

3.4.1 Einkaufsmöglichkeiten allgemein

Noch immer kommt den Märkten in der Ukraine eine entscheidenden Bedeutung zu. Immer schon war hier das Angebot besser, als in den zu Sowjetzeiten staatlichen Läden. Bis heute kann man für jede beliebige Stadt der GUS sagen: Wo der Markt ist, da ist auch das Zentrum. Neben Lebensmitteln sind hier alle Arten von Haushaltsartikeln, aber auch Kleidung und technische Geräte zu finden.

Bauern aus der Region verkaufen hier frisches Gemüse, und auch frische Pilze aus heimischen Wäldern sind zu finden. Das Einkaufen ist freilich wenig angenehm, da ein starkes Gedränge herrscht und man oftmals lang suchen muss, bis man das Richtige gefunden hat. Nur sehr langsam entsteht ein neuer privater Einzelhandel. Mittelfristig dürfte die Bedeutung der Märkte aber abnehmen. In Kam"janec' liegt der zentrale Markt unmittelbar neben dem Busbahnhof, etwa 2 km von der Altstadt entfernt. Die dem touristischen Entwicklungsplan der Stadt entnommenen Zahlen verdeutlichen die Randlage der Altstadt. Im Januar 2005 waren 224 Lebensmittel- oder Gemischtwarenläden in der Stadt registriert. Davon befinden sich 8 in der Altstadt. Ferner gibt es 21 Märkte, davon einer in der Altstadt.[31]

---

[31] Vgl. Mis"ka Rada Kam"jancja–Podil's'koho, Kompleksna Prohrama, S. 17

Somit lässt sich sagen: die Einkaufsmöglichkeiten liegen da, wo der Durchschnittstourist nicht unbedingt hinkommt. Sie sind also für Touristen nicht besonders relevant. Das Angebot an Lebensmitteln ist heute recht gut. Leider existieren bislang erst wenige Supermärkte mit Selbstbedienung. Für Sprachunkundige kann daher selbst der Kauf von Lebensmitteln ein größeres Problem darstellen. Das alte sozialistische System, wo man einen Artikel an der Theke zu ordern hatte, diesen danach an einer zentralen Kasse bezahlte, um ihn bei Vorlage des Kassenbons an der Theke auszulösen, wurde nicht mehr wahrgenommen.

Auch Haushaltsgeräte oder Autoteile sind gut zu bekommen. Ist man hingegen auf der Suche nach spezielleren Gegenständen, z.B. Musikinstrumenten, so wird es bald schwierig. Auch der Buchhandel ist schlecht organisiert und verfügt über ein geringes Angebot und keinerlei computergestütztes Bestellsystem.

3.4.2 Tourismusrelevante Einkaufsmöglichkeiten

Unter tourismusrelevanten Artikeln sind Artikel zu verstehen, die in erster Linie von Gästen der Stadt nachgefragt werden. Das sind also Reiseführer, Kartenmaterial, Fotoartikel und Souvenirs, sowie in geringerem Maße Ausrüstungsgegenstände für Outdooraktivitäten und Kleidungstücke.

Souvenirs sind sehr gut zu bekommen, da diese bereits zu sowjetischen Zeiten eine besondere Rolle spielten. Schließlich sollte der Urlauber auch nach Rückkehr aus dem Urlaub in der Lage sein, zu Hause und im Freundeskreis zu zeigen, was ihm der sozialistische Staat ermöglicht hatte. Somit ist das Angebot an Souvenirs als gut einzustufen. Dabei handelt es ich zumeist um mehr oder minder kitschige Bilder oder reliefartige Schnitzereien touristischer Motive. Auch T-Shirts sind vereinzelt zu bekommen. Tassen und Trinkgefässe mit entsprechenden Motiven sind überall erhältlich. Es gibt 2 feste Souvenirläden in der Altstadt, sowie mehrere mobile Stände.

An Reiseführern ist eine begrenzte Auswahl in ukrainischer Sprache erhältlich. Diese sind beide von hervorragender Qualität und verdienen es, übersetzt zu werden. Auf polnisch sind einige kleinere Führer und Broschüren erschienen. Was englische oder deutsche Literatur über die Stadt betrifft, herrscht bislang noch ein eklatanter Mangel.

Daneben gibt es stadthistorische Bücher in ukrainischer Sprache. Wander-
oder Radwanderführer sind nicht im Angebot. Dasselbe gilt für Kletter- und
Höhlenführer.

An Landkarten sind vor allem in den Buchläden des Zentrums topografische
Karten der Bezirke im Maßstab 1:200000 zu bekommen. Etwas schwerer erhältlich sind topografische Karten im Maßstab 1:100000. Bei diesen Karten
handelt es im Grundsatz um die alten sowjetischen Militärkarten. Diese sind
ausschließlich in russischer Sprache erschienen. Da die Region aber weitgehend ukrainischsprachig ist, und auch die Ortsnamen sich von ihrer russifi-
zierten Form gelegentlich unterscheiden, kann dies gerade bei ausländischen Touristen zu unnötigen Missverständnissen führen. So lautet der russische Name für Kam"janec' – Podil's'kyj beispielsweise: Kamjenjec – Podol's-
kij. Auch die im ukrainischem allgegenwärtige Endung –ivka unterscheidet
sich von der russischen Form, wo diese –ovka lautet. Man sollte also darauf
dringen, dass die künftigen Auflagen der Landkarten in der Landesprache erscheinen. Signaturen für touristische Sehenswürdigkeiten, also markante
Felsen, Aussichtspunkte, Höhlen oder Burgen sind auf den Karten bislang
nicht zu finden

In der vul. Zarvans'ka gibt es eine Art Outdoorladen, der sogar englisch be-
schriftet ist: Hunting- and fishing store. Neben Utensilien für diese beiden
Hobbys findet man dort auch Zelte, Schlafsäcke, Schlauchboote, Kompasse
und ähnliches, doch kein Kletter- oder Höhlenmaterial.

Farbnegativfilme sind überall problemlos zu bekommen. Diafilme hingegen
gar nicht. Diese sind in der Ukraine nur bei ausgesprochenen Profis verbreitet, und daher nur in einigen großen Städten zu bekommen. Selbst in Kyjiv
findet man diese nicht überall.

Abschließend lässt sich sagen, dass die Einkaufsmöglichkeiten als befriedigend zu bezeichnen sind. Verbesserungen sind noch erforderlich beim Kartenmaterial. Weitere Reiseführer, insbesondere über die Umgebung, aber
auch Spezialführer für Kletterer und Höhleninteressierte sollten so schnell wie
möglich erscheinen. Über den Nachbarbezirk Bukovyna gibt es bereits einen
qualitativ hochwertigen Reiseführer, durchwegs in Englisch und Ukrainisch.
Dies könnte ein Vorbild für den Bezirk Chmel'nyc'kyj sein. Was den Souvenirhandel betrifft, so kann man die Situation als zufrieden stellend beurteilen.

3.5 Servicequalität

Ein Gast betritt eines der ortsansässigen Lebensmittelgeschäfte. Der Laden ist leer, nur hinter der Theke stehen zwei Verkäuferinnen. Die eine davon lackiert ihre Fingernägel, die andere liest Zeitung. Der Kunde wird zunächst ignoriert. Nach einer Minute meldet sich der Kunde zu Wort und fragt in der Landessprache: „Haben sie keinen Wein?" „Čyrez vulycju!" (Die Straße runter). „Wo bitte genau?" – „ČYREZ VULYCJU" lautet die lautstarke Antwort. Mit diesen Worten wendet sich die Verkäuferin wieder ihrer Zeitung zu.

Was hier wie eine Satire klingt, ist dem Verfasser dieser Zeilen fast wörtlich mehrfach passiert. Auch in Kam"janec'. Auch im Sommer 2005.

Dies ist dies leider kein Einzelfall. Immer noch wird man an Bahnschaltern angebrüllt, wenn man an der falschen Kasse steht, sind Gespräche mit Bekannten wichtiger als die Bedienung eines Kunden, sind Wartezeiten in Restaurants von 15 Minuten und länger bis man überhaupt wahrgenommen wird an der Tagesordnung.

Zwischen dieser, teilweise äußerst frostigen und aggressiven Atmosphäre im Dienstleistungsbereich und der ansonsten herrschenden Freundlichkeit der Menschen auf offener Straße, besteht ein seltsamer Widerspruch. Fehlen einem ausländischen Gast die Sprachkenntnisse, hat dieser nur wenig Möglichkeiten der Kommunikation mit Einheimischen. Somit kann auf Grund dieses Verhaltens ein völlig falsches Bild des Landes und seiner Bewohner entstehen. Diese Erkenntnis haben viele Beschäftigte des Dienstleistungssektors vor Ort offenbar noch nicht verinnerlicht. Hier muss sich noch viel, oder genauer gesagt, noch sehr viel ändern.

Möglicherweise ist diese bislang fehlende Dienstleistungsmentalität ein Haupthindernis bei der Entwicklung der Ukraine zu einer touristischen Destination von internationaler Bedeutung. Auch Sprachkenntnisse, sowohl im Einzelhandel, als auch in Gastronomie und Hotellerie sind kaum vorhanden. Dies ändert sich jedoch mit der jungen, überwiegend prowestlich orientierten

Generation.

Durch ein strenges Visasystem, das die Ausreise von ukrainischen Bürgern in die EU nahezu unmöglich macht, ist zudem der Kontakt der Normalbevölkerung zum Westen stark eingeschränkt. Positiv zu werten ist jedoch der hohe Anteil von Arbeitsmigranten. Viele von ihnen sind im Dienstleistungssektor, etwa in Italien oder Portugal beschäftigt. Wenn diese nach einigen Jahren wieder in ihr Heimatland zurückkehren, haben diese nicht nur Geld verdient, sondern auch Erfahrungen im Bezug auf westliche Lebensart gesammelt, die sie in ihr Heimatland mitbringen und dort weitergeben können. Weithin verbreitete diffuse Vorstellungen: Westen = Handys, große Autos und Coca Cola, werden somit in Zukunft abnehmen und einer realistischeren Einschätzung Platz machen. Bis jedoch internationale Servicestandards erreicht sind, dürften noch mehrere Jahre vergehen.

3.6. Stärken- und Schwächenprofil für Kam''janec'–Podil's'kij und dessen Umgebung als touristische Destination

Ausgehend von diesen Beobachtungen lässt sich ein grafisches Stärken- und Schwachenprofil erstellen. Die Bewertung der einzelnen Aspekte erfolgt nach dem deutschen Schulnotensystem, also 1 = sehr gut, 6 = mangelhaft.

Da eine derartige Schulnotenbewertung immer subjektiv ist, soll deren Bedeutung hier nochmals näher erläutert werden. Im vorliegenden Fall wurden auch die Möglichkeit von Änderungen oder Verbesserung der Situation mit bewertet.

Stärken- und Schwächenprofil von Kam'janec' - Podil's'kyj als tourist. Destination

	Bemerkungen:	1	2	3	4	5	6
Touristisches Potenzial							
Burg		X					
Altstadt	Schlechter Zustand				X		
Museen				X			
Canyon		X					
Anzahl historischer Bauten		X					
Umgebung		X					
Infrastruktur							
Straßen						X	
Bahn	Völlig unzureichend						X
Busverkehr über Land		X					
Busverkehr städtisch		X					
Flugverkehr					X		
Suprastruktur							
Hotellerie	Zukunftspläne vorhanden			X			
Gastronomie			X				
Sonstiges	Keine Privatzimmer			X			
Dorftourismus	Angebot noch sehr gering				X		
Touristisches Angebot							
Touristinformation	Ungeeignete Räumlichkeiten				X		
Touristisches Leitsystem	Kaum vorhanden				X		
Einkaufsmöglichkeiten allg.				X			
Einkaufsmöglichkeiten tour.				X			
Radtourismus	Potenzial nicht genutzt				X		
Reittourismus	Potenzial nicht genutzt				X		
Klettern	Erschlossene Felsen im Stadtgebiet			X			
Speoleotourismus	Potenzial nicht genutzt				X		
Wassertourismus	Potenzial zu wenig genutzt			X			
Kulturelle Angebote	Kaum Subkultur			X			
Sonstige Angebote				X			
Servicequalität					X		
Bewertung nach Schulnoten		1	2	3	4	5	6

Zur Erläuterung :

1 =   sehr gut, nichts auszusetzen

2 =   gut, allenfalls kleine Änderungen nötig

3 =   im allgemeinen zufriedenstellend, Tendenz zum Besseren erkennbar

4 =   noch nicht optimal, Verbesserung aber mittelfristig zu erwarten

5 =   unzureichend, Potenzial bislang nicht genutzt. Verbesserung der
Situation aber mittelfristig zu erwarten.

6 =   völlig unzureichend, Verbesserung der Situation mittelfristig nicht
zu erwarten.

Aus dieser Graphik wird ersichtlich: die großen Stärken liegen in dem vorhandenen touristischen Potenzial. Dieses wird, insbesondere was die Umgebung betrifft, noch zuwenig genutzt.

Für eine Verbesserung der Situation dürfte insbesondere die Verkehrsinfrastruktur eine Schlüsselrolle spielen. Diese ist weit von europäischem Standard entfernt und wird in einem Fall sogar mit ungenügend bewertet. Bei der
Suprastruktur ist der Trend zum Besseren deutlich erkennbar. Das abgeleitete touristische Angebot ist ebenfalls noch unzureichend. Hier ist sicher auch
Privatinitiative, also Gründung neuer privater Unternehmen im touristischen
Sektor nötig. Für die Servicequalität wird es darauf ankommen, altes sowjetisches Denken endgültig aus den Köpfen zu verbannen. Es ist also noch viel
zu tun.

4.   Die tourismusrelevanten Akteure vor Ort

Nachdem nun lange über touristische Potenziale und infrastrukturelle Rahmenbedingungen gesprochen wurde, folgt nun ein Blick auf die, für die weitere touristische Entwicklung relevanten Organisationen. Insbesondere deren Arbeit wird entscheidend sein für die Zukunft der Stadt.

4.1   Die Stadtverwaltung

Die Stadtverwaltung ist noch stark von den alten Strukturen geprägt. Auch der Bürgermeister stand lange Zeit eher dem unterlegenen Präsidentschaftskandidaten Viktor Janukovyč nahe. Nur dem massiven Druck der Straße ist es zu verdanken, dass auch hier, in den turbulenten Tagen des Novembers 2004, eine Resolution verabschiedet wurde, wonach Janukovyč nicht als gewählter Präsident anzuerkennen ist. In Kreisen, die der Opposition nahe stehen, halten sich ferner hartnäckige Gerüchte, wonach es auch in Kam"janec'– Podil's'kyj zu massiven Korruptionsfällen im Zuge der Privatisierung alter Staatsbetriebe gekommen sein soll. Auch Wahlfälschungen werden dem Bürgermeister vorgeworfen. Bewiesen ist bislang jedoch keiner dieser Vorwürfe, und so soll diesen hier nicht weiter nachgegangen werden. Die weitere touristische Entwicklung zählt zur Chefsache der Stadt. Es gibt einen Beauftragten für touristische Entwicklung. Dieser ist zugleich Leiter des neu entstandenen Tourismusverbandes und verantwortlich für einen touristischen Entwicklungsplan für die nächsten 10 Jahre. Auf diesen Plan wird noch näher eingegangen. Auf den Verfasser machte dieser einen sehr kompetenten Eindruck. Eine Begegnung mit dem Bürgermeister fand nicht statt.

4.2 Das Denkmalamt

Das Denkmalamt ist in einem historischen Gebäude in Vul. P"jatnyc'ka inmitten der Altstadt untergebracht.

Hier werden einerseits die Dokumente für die Aufnahme der Stadt in die UNESCO Liste vorbereitet, andererseits Konzeptionen und Pläne für die Rekonstruktion der Altstadt entworfen. Auch Nutzungskonzepte für leer stehende Gebäudekomplexe, etwa für die Kasernengebäude aus dem 18. Jh. oberhalb des Flusses gehören zu den Aufgaben des Denkmalamtes. Die Konzeptionen, die derzeit verfolgt werden, sehen einen Wiederaufbau der nicht mehr vorhandenen Gebäude, auf noch teilweise erhaltenen Fundamenten vor. Vorgegeben ist der Grundriss der Gebäude, sowie Geschosshöhe und Dachgestaltung. Somit wird das Bild der Stadt in einigen Jahren dem Vorkriegszustand sehr ähnlich sein. Der Wiederaufbau der Gebäude erfolgt jedoch ausschließlich durch Privatinvestoren. Der Baugrund soll den Investoren aber kostenlos zu Verfügung gestellt werden. Somit kann in diesem Zusammenhang von Subventionen gesprochen werden.

4.3 Die Verwaltung des Nationalparks Podil's'ki Tovtry

Der Sitz der Nationalparkverwaltung Podil's'ki Tovtry befindet sich ebenfalls in der Altstadt. Dieser Nationalpark, flächenmäßig der größte der Ukraine, wurde 1996 auf Erlass des damaligen Präsidenten Kučma hin gegründet. Aufgabe der Nationalparkverwaltung ist es einerseits, die vorhandene Flora und Fauna zu dokumentieren und Maßnahmen zu deren Schutz einzuleiten.

Eine weitere Aufgabe ist es, eine nachhaltige touristische Nutzung des Parks zu organisieren und sicherzustellen. Auch Schulungen und naturkundliche Seminare werden veranstaltet. Was die Dokumentation betrifft, so existiert ein Buch mit einer Bestandsaufnahme der Fauna und Flora. Dieses hat jedoch eher den Charakter einer wissenschaftlichen Abhandlung, und ist für den Durchschnittstouristen weniger von Interesse.

Zudem existiert eine gute Webseite[32] in denen sowohl die Kulturdenkmäler als auch die landschaftlichen Besonderheiten aufgeführt sind.

Zahlreiche Fotos geben einen guten Einblick in das touristische Potenzial von Stadt und Region.

Was die praktische Erschließung der Region betrifft, sind bislang keine Aktivitäten feststellbar. Nach Meinung des Verfassers müsste das Anlegen und die Pflege von Wanderwegen sowie der Aufbau einer Infrastruktur für nachhaltigen Tourismus zu den Aufgabenbereichen einer solchen Institution gehören. Davon ist, wie bereits erwähnt, bislang nichts zu sehen.

Somit ist, zumindest in tourismusplanerischer Hinsicht, diese Institution eher kritisch zu beurteilen. Ob die Vermutungen seitens der Opposition zutreffen, wonach es sich bei dieser Einrichtung in erster Linie um eine „Versorgungseinrichtung" für alt gediente Kader handelt, die hier ihre Zeit bis zur Rente absitzen, kann an dieser Stelle nicht beurteilt werden.

4.4 Tourismusverbände

Tourismusverbände sind vergleichsweise neue Institutionen in der Ukraine.

Wie auch in westlichen Ländern, schließen sich hier alle relevanten Beteiligten der lokalen Tourismuswirtschaft zusammen und bilden eine Interessengemeinschaft. Dies sind vor Ort: Die Stadtverwaltung, Hotels, Gastronomie und Incomingagenturen. Diese beteiligen sich, je nach deren Möglichkeiten, finanziell an dem Verband.

Das bereits erwähnte Informationszentrum wird ebenfalls vom Tourismusverband getragen. Kritisch anzumerken ist, dass die Verbände laut ukrainischer Gesetzgebung fest an administrative Grenzen gebunden sind.

Aus diesem Grund existiert seit wenigen Wochen in Kam"janec'–Podil's'kyj noch ein zweiter Verband, mit Zuständigkeit für den Landkreis. Auch dieser plant die Einrichtung eines eigenen Informationsbüros, unabhängig von dem bereits bestehenden städtischen.

---

[32]   Vgl. www.tovtry.km.ua.

Begegnungen mit beiden Beauftragten des Kreises fanden statt und diese Personen haben beim Verfasser einen sehr dynamischen und kompetenten Eindruck hinterlassen. Deren Hauptaufgabengebiet für die nähere Zukunft ist es, weitere private Beherbergungsbetriebe für Urlaub auf dem Land, bzw. Urlaub auf dem Bauernhof aufzubauen.

Auch für den Aufbau wassertouristischer Angebote sind die Ansprechpartner hier zu finden. Seitens des Verfassers wurde das Angebot unterbreitet auch künftig mit der Kreisverwaltung zu kooperieren. Auch Praktika für deutsche Touristikstudenten sind – russische oder noch besser: ukrainische Sprachkenntnisse vorausgesetzt – hier möglich.

Das Eröffnen eines zweiten touristischen Informationszentrums ist jedoch abzulehnen. Vielmehr sollte versucht werden, ein gemeinsames Infozentrum zusammen mit dem städtischen Tourismusverband aufzubauen. Da die derzeitigen Räumlichkeiten der städtischen Touristinformation eher ungeeignet sind, sollte es möglich sein, sich über eine Kooperation – etwa bei Teilung der Mietkosten – zu verständigen. Zwei Informationsbüros jedoch würden eher zur Verwirrung, als zur Hilfe der Gäste beitragen.

4.5   Incomingagenturen

Incomingagenturen verfügen hierzulande über lange Tradition. Da in früheren Jahrzehnten Individualtourismus selten war, waren schon in sowjetischer Zeit Ausflugsbüros am jeweiligen Urlaubsort von Bedeutung. Hier konnten Ausflüge innerhalb der Zielregion gebucht werden. In den letzten Jahren haben zahlreiche neue Incomingagenturen aufgemacht. Diese profitieren natürlich von der insgesamt schlechten Infrastruktur und damit von der Tatsache, dass individuelle Ausflüge kaum oder nur unter schwierigen Bedingungen möglich sind. Auch Angebote für Aktivtourismus gibt es grundsätzlich. So werden etwa Katamaranfahrten durch den Dnistercanyon angeboten.

Leider lasser auch diese die nötige Flexibilität oft vermissen, da deren Angebote sich fast ausschließlich an Gruppen richten, für Einzelpersonen jedoch kaum die Möglichkeit einer Teilnahme an den Programmen bieten. Feste

Programme mit vorgegebenen Terminen, zu denen man sich als Einzelperson anmelden kann, gibt es im Kam"janec' nicht. Ausflüge werden daher nur auf Nachfrage organisiert. Begründet wird dies, wie auch schon im Falle der Ausflugsdampfer mit der besseren Planbarkeit von Packages und dem geringeren unternehmerischen Risiko bei vororganisierten Gruppenveranstaltungen. Da wie erwähnt die Touristinformation ebenfalls noch nicht effektiv arbeitet, sind diese Befürchtungen nicht ganz von der Hand zu weisen, da von einem effektiven Informationssystem sehr viel abhängt. Es besteht also eine Art Teufelskreis, der schnellstmöglich aufgebrochen werden sollte.

4.6 Vereine

Das Vereinswesen ist bisher noch schwach ausgeprägt und spielt für den Tourismus bislang keine Rolle. Ein Schlüsselrolle könnte jedoch dem Partnerschaftsverein Wiesbaden - Schierstein / Kam"janec' - Podil's'kyj[33] zukommen, da dieser auch die wirtschaftliche Entwicklung, insbesondere durch Stärkung der zivilgesellschaftlichen Strukturen fördern will. Mit Wiesbadener Hilfe betreibt der Verein derzeit eine Kaffeestube in der Altstadt für hilfsbedürftige Bürger der Stadt, in der diese einmal pro Woche eine kostenlose warme Mahlzeit erhalten. Eine weitere Nutzung der Räumlichkeiten der Kaffeestube, etwa zu gastronomischen Zwecken, ist auf Grund der ehrenamtlichen Struktur des Vereins, ohne Festangestellte, nicht machbar. Auch eine kulturelle Nutzung der weitläufigen Kellergewölbe des Gebäudes wäre wünschenswert, ist aber ebenfalls derzeit nicht realisierbar. Weitere Vereine sind sicher vorhanden, sind dem Verfasser aber nicht näher bekannt.

---

[33] Vgl: www.wiesbaden-kamenez-podolski.de.

4.7 Kirchen

Was Kirchen betrifft herrscht in der Ukraine eine große Vielfalt. So gibt es allein 3 orthodoxe Kirchen: die orthodoxe Kirche des Moskauer Patriarchates,
welche zu Sowjetzeiten die einzige zugelassene Kirche war und die orthodoxe Kirche des Kiewer Patriarchates, die sich mit der Unabhängigkeitsbewegung von Moskau abgespalten hat. Da die Rolle beider Patriarchen während
der sowjetischen Zeiten sehr umstritten ist – beide waren Zuträger des KGB –
spaltete sich Anfang der 90er Jahre die autokephale orthodoxe Kirche ab.
Diese ist am ehesten als „politisch sauber", und als nicht vorbelastet zu bezeichnen. Eine Besonderheit der Ukraine wie auch Weißrusslands ist die
Griechisch Katholische Kirche: Diese folgt zwar dem orthodoxen Ritus, erkennt aber den Papst als ihr Oberhaupt an. Die römisch katholische Kirche
existiert ebenfalls in den westlichen Teilen der Ukraine als polnische Minder-
heitenkirche. Hinzu kommen kleinere Gemeinden von Minderheitenvölkern
wie Armenier, Moldawier oder Griechen.

Das Judentum spielt in der heutigen Westukraine im Gegensatz zu früheren
Zeiten auf Grund des Holocaust und der Auswanderung der jüdischen Bürger
nach Israel, Deutschland oder die USA keine große Rolle mehr. So gibt es in
Kamjanez keine einzige Synagoge mehr. Ansonsten existieren die hier genannten Religionsgemeinschaften auch vor Ort.

Trotz einiger Spannungen zu Anfang der 90er Jahre ist von einer friedlichen
Koexistenz zusprechen. Lediglich die Kirche des Moskauer Patriarchates
mischt sich gelegentlich in die Politik ein, so etwa im Sommer 2005, um einen
Stadtratsbeschluss zur Aufstellung eines Standbildes des verstorbenen Pap-
stes Johannes Paul II. auf dem polnischen Markt zu verhindern.

Für den Tourismus haben die Kirchen in so fern die Bedeutung, dass sie für
den Wiederaufbau der, zu Stalins Zeiten zerstörten Kirchen allein verantwortlich sind, bzw. diesen aus Spendengeldern finanzieren. Der Staat stellt hierzu
kein Geld zu Verfügung. Da Kirchen mit ihren Türmen und Kuppeln markante
Merkzeichen darstellen, die auch für Gäste von Interesse sind, kann man also von einer großen Bedeutung der Kirchen für den Tourismus sprechen.
Dabei hat die Moskauer Kirche die größten finanziellen Möglichkeiten, was
allein schon aus der Tatsache ersichtlich ist, dass bisher nur die Alexander

Njewskij Kathedrale in der Neustadt vollendet werden konnte. Der Wiederaufbau der griechisch katholischen Trojicka Kirche wurde begonnen, scheint aber derzeit zu ruhen. Gute Chancen bestehen auch für den Wiederaufbau der Armenischen Kathedrale, während für die ukrainisch orthodoxe Johanneskirche das Geld fehlt.

26   Die Trojicka Kirche wird derzeit wiederaufgebaut

Über eine weitere ehemalige Kathedrale im neobarocken Stil nahe der polnischen Kathedrale war nichts näheres zu erfahren.

Die römisch – katholischen Kirchen werden vor allem mit polnischer Hilfe saniert. So entsteht derzeit der, vor einigen Jahren abgebrannte Turmhelm der Dominkanerkirche neu. Aktiv im Tourismus beteiligt sich nur die polnische Gemeinde. Diese ist zugleich Anlaufstation für polnische Touristen. Dies zeigt sich schon allein dadurch, dass im Eingangsbereich der Peter und Pauls Kathedrale zahlreiche polnischsprachige Broschüren verkauft werden, die ansonsten nur schwer erhältlich sind.

Nach Aussage einer polnischen Bekannten des Verfassers bietet diese Gemeinde auch Übernachtungsmöglichkeiten für polnische Gruppen an, was aber vor Ort nicht offen ersichtlich ist.

4.8   Bildungseinrichtungen

Kam''janec'–Podil's'kyj verfügt über alle Arten von Grund- und weiterbildenden Schulen. Auch als Universitätsstadt kommt der Stadt eine große Bedeutung zu. Es existieren die staatliche Universität, an der in erster Linie Geisteswissenschaften gelehrt werden, sowie die landwirtschaftlich – technische Universität. Zudem gibt es einige kleinere FH – ähnliche Bildungseinrichtungen.

Besonders erwähnt werden muss auch die Filiale der Kiewer Universität für Tourismus und Wirtschaft. In einem 5 jährigen Studium werden hier Touristiker ausgebildet, die für die Stadt als künftige touristische Destination eine wichtige Unterstützung sein werden. Diese Ausbildung hat eine starke Orientierung in Richtung BWL und Management. Auch Hotelwesen und Reiseleitung werden gelehrt. Tourismusplanung hingegen ist unterrepräsentiert. Diese Ausbildung ist – wie die meisten Studiengänge in der Ukraine - stark verschult. Die Studenten haben einen festen Stundenplan und ein Pensum von etwa 35 Semesterwochenstunden zu bewältigen. Am Ende jeder Stunde klingelt die Schulglocke. Projektstudium ist auf Grund des dichten Stundenplanes nicht vorgesehen. Dabei würde der momentane Planungsprozess mannigfache Anknüpfungspunkte bieten, um die Studierenden in Form von Projekten an der Destinationsentwicklung zu beteiligen.

Eine studentische Kulturszene existiert in der Stadt noch nicht. Dies ist um so bedauerlicher, da dies auch für Gäste aus dem In- und Ausland von Interesse sein könnte.

Insgesamt muss auch hier gesagt werden, dass die Chancen die sich auf Grund der günstigen demographischen Bevölkerungsstruktur und der Vielzahl der Bildungseinrichtungen bieten, für den Tourismus bislang nicht genutzt werden.

Zusammenfassend ist festzuhalten, dass eine Vielzahl von Stakeholdern des Tourismus existieren. Diese scheinen jedoch bislang nicht an einem Strang zu ziehen sondern eher individuell „vor sich hin zu wurschteln". Es wird darauf ankommen, ob es gelingt, dieses Potenzial an Menschen und Ideen zu nutzen und zu bündeln. Auf jeden Fall sollten Kirchen, Bildungseinrichtungen und Vereine wesentlich stärker am Prozess der Destinationsbildung beteiligt werden.

5.   Der touristische Entwicklungsplan der Stadt

In den vorangegangen Kapiteln war viel die Rede vom touristischen Potenzial der Stadt, sowie dem, bislang nicht sonderlich zufrieden stellenden Ist – Zustand. Wenig hingegen wurde bisher gesprochen von konkreten Zukunftsperspektiven und davon, wie diese umzusetzen sind. Wie also stellen sich die Stadt und die weiteren tourismuspolitischen Akteure vor Ort deren Zukunft vor? Was muss getan werden um die Situation zu verbessern? In welche Richtung geht die Entwicklung?

Um diese Fragen zu klären wird im folgenden Kapitel auf den sehr aktuellen touristischen Entwicklungsplan der Stadt für die Jahre 2005 bis 2015, eingegangen. Dieser Plan entstand im Frühjahr 2005 und trägt die genaue Bezeichnung: „Komplexes Programm zur Entwicklung der Tourismusbranche der Stadt Kam"janec'–Podil's'kyj von 2005 bis 2015." Im folgenden wird dieses Programm verkürzt als touristischer Entwicklungsplan bezeichnet. Dieser wurde erarbeitet von:

-    der Partei der Wiedergeburt von Kam"janec'–Podil's'kyj

-    dem Tourismusverband Kam"janec'–Podil's'kyj

-    dem städtischen Amt für internationale Beziehungen und Tourismus

-    dem Beratungsbüro Navigator

Finanzielle Unterstützung wurde geleistet von US-Amerikanischen Organisationen, die der ukrainischen Diaspora nahe stehen, sowie dem amerikanischen Entwicklungsministerium USAID.

Ziel des Programms

„Verbesserungen der Lebensbedingungen der Bürger der Stadt infolge der verstärkten Entwicklung des Tourismussektors. Dadurch kommt es zu Wirtschaftswachstum, zur Entstehung neuer Arbeitsplätze, zur Erhöhung der städtischen Steuereinnahmen und zu Investitionen in die städtische Infrastruktur"[34]

Es ist also festzuhalten, dass das Programm nicht nur die Tourismusindustrie im Auge hat, sondern das Ziel verfolgt, die allgemeinen Lebensbedingungen der Bürger zu verbessern. Die Förderung des Tourismus ist also gewissermaßen ein Mittel, dies zu erreichen.

Meinung der Bevölkerung zur Tourismusentwicklung

Bei der Erstellung des touristischen Entwicklungsplanes fand eine Befragung der Bevölkerung von Kam"janec'–Podil's'kyj zum Thema Tourismus statt. Dabei wurden 405 Personen befragt. Die Fehlerquote der Ergebnisse beträgt 5%[35]

Es folgen die wichtigsten Resultate dieser Befragung:

Zunächst ist zu verzeichnen, dass ein großer Teil, nämlich 72% der Bevölkerung dem Ausbau einer Förderung des Tourismus generell positiv gegenüberstehen.

18% haben eine neutrale Position und nur 10% sind generell dagegen.

Befragt nach den Erwartungen der Bürger an eine professionelle Tourismusentwicklung, wurden vor allem folgende Aspekte genannt:

- Verschönerung des Stadtbildes
- Restaurierung der historischen Bauten
- Verbesserung der Suprastruktur
- Reklame für die Stadt national wie international
- Verbesserung des Dienstleistungssektors
- Instandsetzung der Straßen und Bürgersteige

Das Ergebnis der Befragung nach Vorteilen für die Stadt, zeigt folgende Ergebnisse:

---

[34]   Vgl. Mis"ka Rada Kam"jancja–Podil's'koho, Kompleksna Prohrama, S. 8.
[35]   Ebd., S. 68ff.

- Erhöhung des städt. Budgets
- Entstehung neuer Arbeitsplätze
- Restaurierung des Zentrums
- Verbesserung des Images des Stadt
- Entwicklung der Infrastruktur

Nur 4% der Befragten sehen keinen Vorteil im Tourismus. Nach persönlichen Vorteilen befragt ist die Situation jedoch anders: 40% sehen keinerlei persönliche Vorteile für sich. Mit je 20% steht die Arbeitsplatzfrage an 2. Stelle

Frage nach den Nachteilen des Tourismus:

- 56% erwarten eine Preissteigerung infolge des Tourismus.
- Die ökologischen Auswirkungen (Verschmutzung, Lärm) folgen.
- Auch herrscht Angst vor steigender Kriminalität.
- 14% der Bevölkerung sehen keinerlei Nachteile durch den Tourismus.

Zusammenfassend lässt sich also sagen: Es herrscht in der Bevölkerung eine große Offenheit gegenüber einer weiteren Tourismusentwicklung. Die positiven Einschätzungen überwiegen deutlich. Somit besteht auch auf Grund der Einstellung der Bevölkerung eine gute Basis für eine weitere Ankurbelung des Tourismus.

Das touristische Leitbild

Das touristische Leitbild steht am Anfang des Programms und wird hier kurz zitiert: Es beginnt mit einer Charakterisierung des touristischen Potenzials:

die Stadt ist geprägt durch:

- eine bedeutende Konzentration historischer und architektonischer Kulturdenkmäler
- eine einzigartige Naturlandschaft und Lage
- ein mildes kontinentales Klima
- eine reichhaltige Kulturszene
- die Nähe zu anderen architekturhistorischen, sowie landschaftlich reizvollen Destinationen[36]

Blick in die Zukunft:

„Die Stadt Kam"janec'–Podil's'kyj ist regionales touristisches Zentrum, das ein weites Spektrum an Erholungsmöglichkeiten bietet, (sie) ist führend in kulturgeschichtlichem- aber auch im Aktiv-, Festival und Konferenztourismus der Ukraine. Dies wird möglich durch eine gut entwickelte touristische Infrastruktur, die sich sowohl an ukrainische wie auch internationale Gäste richtet und dafür sorgt, das die Stadt das ganze Jahr über eine attraktive Destination darstellt."[37]

Umsetzung des Programms:

- Dies soll erreicht werden, durch eine Optimierung, Renovierung aber auch durch Neubau der touristischen Infrastruktur.

- Durch die Förderung neuer Unternehmen und Einzelpersonen, die sich im touristischen Sektor engagieren.[38]

Die Frage nach den Prinzipien und Grundsätzen, die bei der Umsetzung des Planes einzuhalten sind, ist in diesem Leitbild bislang nicht enthalten.

Es bestehen also ehrgeizige Ziele, die sich kaum von den Leitbildern westlicher Tourismuskonzepte unterscheiden. Das Hauptaugenmerk liegt erwartungsgemäß auf der Infrastruktur, wie auch auf der Organisationsstruktur, die häufig als wenig befriedigend bewertet werden. Somit deckt sich der vorlie-

---

[36] Ebd., S. 9.
[37] Ebd., S. 9.

gende Entwicklungsplan in der Beurteilung der Defizite weitgehend mit den Beobachtungen des Verfassers.

Bestandsanalyse und Entwicklungsplanung

Es folgt eine Bestandsanalyse, die sowohl die Einkaufsmöglichkeiten, die Wirtschaftsstruktur, das touristische Angebot als auch die Suprastruktur beleuchtet. Breiten Raum nimmt auch die Bewertung der technischen Infrastruktur, wie Wasser- und Stromversorgung, als auch der Zustand der Straßen ein. Diese Bestandanalyse, die in übersichtlicher Form als Tabelle gestaltet ist, bewertet die Ist - Situation und macht Verbesserungsvorschläge. Man kann also auch von einer Vermischung von Bestandsanalyse und Entwicklungsplan sprechen.[39]

Es würde den Rahmen dieser Arbeit sprengen auf jeden Punk einzeln einzugehen, daher an dieser Stelle eine Zusammenfassung der vom Verfasser als wesentlich erachteten Punkte:

Incomingagenturen:	- Qualitätsverbesserung des Programms
	- umfangreicheres Werbe- und Infomaterial
	- stärkere Segmentierung des Marktes
Hotels	- Modernisierung der Hotels und Erhöhung des Standards
	- Neubau von Hotels unterschiedlicher Kategorien
Campingplätze	- Bau von Zeltplätzen an Smotryč, Zbruč, am Dnister und nahe Bakota
Grüner Tourismus	- Ausbau des Angebotes
	- Förderung des Aktivtourismus
	- Verbesserung der Öffentlichkeitsarbeit

---

[38]   Ebd., S. 9.
[39]   Ebd., S. 18ff.

Historische und landschaftliche Sehenswürdigkeiten	- Restaurierung der vorhandenen Baudenkmäler - Rekonstruktion nicht mehr vorhandener Bauten - Angebot von Führungen - Verbesserung der Öffentlichkeitsarbeit
Pauschalangebote	- Thematische Führungen durch die Altstadt - Angebot von mehrtägigen Packages
Touristinformation	- Verbesserung der Beratung - Umfangreicheres Informationsmaterial - professionelle Öffentlichkeitsarbeit
Ausschilderungen	- Markieren von Touristenrouten in Stadt und Landkreis - Anbringen von Hinweisschildern an touristisch bedeutsamen Objekten
Infrastruktur	- Verbesserung des Straßenbelages - Instandsetzung der Bürgersteige
Technische Infrastruktur	- Sanierung der Wasserversorgung - Verbesserung der Straßenbeleuchtung

Anschließend werden die Straßen und deren historische Bauten nacheinander durchgegangen, eine Prioritätenliste erstellt und ein zeitlicher Rahmenplan für deren Restaurierung aufgestellt. Dasselbe gilt für die touristische Infrastruktur. Auch hier gibt es konkrete zeitliche Pläne für deren Fertigstellung. Die Frage, ob deren Realisierung tatsächlich im angestrebten Zeitraum möglich ist, erscheint jedoch fraglich: Gerade diese Tabellen enthalten zahlreiche Unwägbarkeiten. So findet man unter dem Punkt „erforderliche Bedingungen" oftmals den Satz: „Verbesserung der allgemeinen Wirtschaftslage"[40]

Erwartetes Ergebnis in konkreten Zahlen

-    Es wird eine Steigerung des jährlichen Gästeaufkommens von derzeit 182000 auf 650000 Personen im Jahr 2015 erwartet. Die Zahl der organisierten Reisenden soll dabei leicht überwiegen.

-    Die Zahl der Hotelbetten soll von derzeit 620 auf 1000 steigen.

-    Die Zahl der Arbeitsplätze im touristischen Sektor soll von derzeit 170 auf 550 steigen.

-    Die Einnahmen des historischen Museums in der Burg sollen sich vervierfachen.[41]

Finanzierung

Was die Finanzierung dieses ambitionierten Projektes betrifft, wird in hohem Maße auf Privatinvestoren gesetzt. Diese finanzieren auch den Wiederaufbau der zerstörten Gebäude. Öffentliche Ausschreibungen hierfür sollen noch im laufenden Jahr beginnen. Für die Infrastruktur, also Straßen und Bürgersteige ist die Stadt zuständig. Dasselbe gilt für die technische Infrastruktur. Hierzu zählen insbesondere Wasserversorgung, Kanalisation und Straßenbeleuchtung. Da dies alles gerade in der Altstadt in keinem guten Zustand ist, wird hier eine Menge an Investitionsmitteln nötig sein. Auch die in kommunalem Besitz befindlichen Wohnhäuser sollen mit den Mitteln des städtischen Haushaltes saniert. Für die Renovierung der Kirchen bzw. deren Wiederaufbau sind die jeweiligen Gemeinden zuständig. Von deren Finanzkraft hängt also vieles ab. Auch der ukrainische Staat ist an der Restaurierung beteiligt, denn die Burg und ein Großteil der alten Stadtbefestigungsanlagen ist in staatlicher Hand.

Ob dies alles in der vorgesehenen Form möglich ist, wird sicher von der immer noch schwierigen Wirtschaftslage der Ukraine abhängen.

---

40   Ebd., S. 33ff.
41   Ebd., S. 56f.

6.   Die Nachfragesituation

Um eine zielgerichtete Tourismusplanung durchführen zu können, muss die Zielgruppe bekannt sein. Dabei sind sowohl die geografische Herkunft, die soziodemographischen Merkmale, die Interessen und Ansprüche der Gäste, als auch deren Konsumverhalten von entscheidender Bedeutung. Besonderes Augenmerk wird auch auf deren subjektive Einschätzung der vorgefundenen Situation gelegt. Aus den Ergebnissen kann ein Profil des typischen Besuchers einer Destination erstellt werden. Dieses Profil dient dazu, ein möglichst maßgeschneidertes Angebot für diese Zielgruppe zu erstellen. Dabei unterscheidet man Hauptzielgruppen und Randzielgruppen.

Gästebefragungen sind also Grundlage eines jeden touristischen Planungsprozesses.

Gästebefragung

Im Rahmen der Erstellung des Touristischen Entwicklungsplanes wurde eine solche Gästebefragung durchgeführt. Diese fand im September 2004 statt und umfasste eine Stichprobe von 325 Personen. Da es dem Verfasser nicht möglich war, eine eigene Erhebung durchzuführen, wird auf die bereits vorliegenden Ergebnisse zurückgegriffen.[42]

Nach diesen Ergebnissen sind 89% der Besucher Bürger der Ukraine, davon alleine 39% aus der Hauptstadt Kyjiv. Mit 11% stellt der Anteil der ausländischen Besucher nur einen geringen Teil. Dies könnte sich jedoch mit der im Jahre 2005 erfolgten weiteren Öffnung des Landes ändern.

Befragt nach den Interessen der Besucher, so stehen die historischen Baudenkmäler mit 43,4% ganz vorne. Die Geschichte der Stadt und der Besuch von historischen Festivals standen mit jeweils knapp 25% der Befragten ebenfalls weit vorne. Die Landschaft und der Canyon wurde von 14% als Hauptinteresse empfunden und 8% interessierten sich für die Möglichkeit des Aktivtourismus. Befragt nach den Eindrücken der Stadt hatten 95% generell einen positiven Eindruck, doch selbst von diesen zeigte sich dennoch ein Großteil, nämlich 80%, unzufrieden mit dem schlechten Zustand der histori-

---

[42]   Ebd., S. 67f.

schen Gebäude und Straßen. Der typische Besucher der Stadt verbringt 2 – 3 Tage vor Ort und 80% der Gäste sind jünger als 40 Jahre.

Weitere Angaben

Zahlen über eine detaillierte Herkunft der Gäste waren nicht zu bekommen und auch die Hotels führen nach Aussage der Hotelangestellten keine Statistiken, so dass keine genauen Zahlen zu bekommen sind. Nach eigener Beobachtung des Verfassers findet man jedoch eine hohe Zahl polnischer Gäste in der Stadt.

Im Rahmen des touristischen Entwicklungsplanes wurde zudem der Versuch unternommen, den Markt nach geographischer Herkunft und Alter zu segmentieren. Dabei wird klar getrennt zwischen der ukrainischen und der internationalen Zielgruppe. Polnische Besucher werden hierbei gesondert aufgeführt. Dies lässt den Schluss zu, dass die Bedeutung dieser Zielgruppe für die Destination erkannt wurde. Anschließend wird versucht, diesen Zielgruppen eine Aufenthaltsdauer und mögliche Interessen und Aktivitäten zuzuordnen und eine Prioritätenliste für die Entwicklung spezifischer Angebote für die jeweiligen Zielgruppen zu erstellen.

Insgesamt erscheint diese Liste jedoch eher spekulativ und wenig aussagekräftig, zumal sich die Zielgruppen bei ihren vermuteten Aktivitäten in nur geringem Maße unterscheiden.[43] Was die absolute Zahl der Gäste betrifft, so zählte man im Jahre 2004 182000 Besucher. Für das Jahr 2015 geht man von einer Steigerung auf 650000 Gäste aus. Ob es sich dabei um Tagesbesucher oder Übernachtungsgäste handelt, ist aus den vorliegenden Angaben nicht ersichtlich. Es bestehen also einige Angaben über die Zielgruppe der Destination.

Dem Verfasser erscheint jedoch das Alter und die geografische Herkunft, vor allem der hohe Anteil von Besuchern aus Kyjiv etwas unglaubwürdig. Da jedoch keine eigene Erhebung stattfinden konnte, bleibt nichts anderes übrig, als die vorliegenden Ergebnisse hinzunehmen.

---

[43]   Ebd., S. 72ff.

27   Der Pol's'kyj Rynok dient heute teilweise als Ziegenweide

28   Vor dem Krieg war dieser voller Leben[44]

---

[44]   Auch dieses Bild entstammt der bereits erwähnten polnischen CD-Rom.

III   Entwicklungsplanung

Wie anhand der vorherigen Kapitel ersichtlich, ist bereits vieles im Gange. Der Entwicklungsplan der Stadt weist in die richtige Richtung und zeigt vor allem, dass die Bedeutung des Tourismus für die Stadt erkannt wurde. Aus diesem Grund sollen an dieser Stelle die Punkte aufgezeigt werden, an denen nach Meinung des Verfassers noch Defizite bestehen oder die noch nicht konkret genug sind. Breiten Raum wird auch hier, wie auch schon in der vorangegangenen Kapiteln das naturtouristische Potenzial der Umgebung einnehmen.

1.   Verbesserung der allgemeinen wie auch der touristischen Infrastruktur

1.1   Allgemeine Infrastruktur

Um die notwendigen Schritte zur Verbesserung der Allgemeinen Infrastruktur soll es im Folgenden gehen:

Straße:

Schlecht erhaltenes Straßenpflaster in der Altstadt und die Tatsache, dass an vielen Stellen Gras durch die Ritzen und Unkraut an den Straßenrändern wächst, ergeben einen ungepflegten, dörflichen Eindruck der Gassen der Altstadt. Hier ist die Stadtverwaltung gefordert, die nötigen Maßnahmen zu ergreifen, um einen freundlicheren Zustand herzustellen. Auch die Anwohner sollten in die Pflicht genommen werden, das Unkraut, das entlang ihrer Grundstücke wächst, zu beseitigen. Zudem sollte ein Teil der Altstadt zu einer Fußgängerzone umgestaltet werden. Die geeignetste Straße hierfür ist die vul. Zarvans'ka. In dieser Straße wie auch am polnischen Markt sollten gezielt Geschäfte angesiedelt werden.

Weiterhin ist der Bau einer Umgehungsstraße dringend erforderlich, um die Stadt vom Schwerverkehr zu entlasten. Da auf Grund des Reliefs in jedem Fall der Bau einer weiterer Brücke über den Canyon nötig sein wird, wird dieses Projekt ohne internationale Gelder kaum zu bewerkstelligen sein.

Schiene:

Was die Schieneninfrastruktur betrifft, so liegen die Schlüssel für eine Verbesserung der Situation in Kyjiv. Mittelfristig wird eine komplette Neuorganisation des Bahnsystems unabwendbar sein. Dabei sollte zusätzlich zu den bisher üblichen Nachtzügen ein Intercitysystem auf den Hauptstrecken und ein Regionalexpresssystem auf den Nebenstrecken eingerichtet werden. Günstig wäre die Einrichtung eines Taktverkehres.

Für die Region Kam''janec'–Podil's'kyj sind folgende Schritte notwenig:

- Einrichtung einer Expressverbindung Kyjiv – L'viv über Chmel'nyc'kyj.

- Einrichtung von auf die Fernzüge abgestimmten Regionalexpresslinien nach Černivci, mit Halt in Jarmolinci, Dunajivci, Kam''janec'–Podil's'kyj, Lipcani (MD) und Nowoselycja.

- umgehende Aufnahme von Gesprächen zwischen der Ukraine und Moldawien um einen Transit der Züge ohne Passkontrolle zu ermöglichen.

- Bau eines Haltepunktes nahe des Busbahnhofes von Kam''janec', um den Schienen- und den Busverkehr sinnvoll zu vernetzen.

Da es sich sowohl bei Černivci, als auch bei Kam''janec' um international bedeutsame touristische Destinationen handelt, ist eine direkte, mehrmals täglich verkehrende Zugverbindung unumgänglich. Dass Transitregelungen mit Moldawien möglich sind, zeigt eine unbürokratische Verfahrensweise in der Gegend von Odesa, wo die Hauptstraße aus der Schwarzmeermetropole in das südliche Bessarabien ebenfalls ein kurzes Stück über moldawisches Territorium führt. Wie eingangs erwähnt: der Schlüssel für derartige Investitionen liegt in Kyjiv. Der Anspruch darauf sollte aber umgehend von den örtlichen politisch Verantwortlichen geltend gemacht werden. Der zu erwartende internationale Tourismus könnte dabei eine wichtige Argumentationshilfe bei der Durchsetzung derartiger Forderungen sein.

Luft:

Der Flughafen von L'viv sollte vermehrt international angeflogen werden. Ukrainische Inlandsflüge sollten ebenfalls vom Westen aus online buchbar sein. Somit wären die Nachbarmetropolen Chmel'nyc'kyj und Černivci besser erreichbar.

1.2   Die Suprastruktur

Übernachtungsmöglichkeiten:

Der Bau von zahlreichen neuen Hotels ist beschlossene Sache. Dabei sollte darauf geachtet werden, dass die Preise so sind, dass auch der ukrainische Normalbürger sich eine Übernachtung vor Ort leisten kann. Preise für ein Doppelzimmer um die 100 UHR (= ca. 17,- €) sind dabei gerade noch vertretbar. Mehr sollten es jedoch auf keinen Fall sein. Luxushotels wie das Hotel Hetman in der Altstadt sollten die Ausnahme bleiben. In den Übernachtungspreisen sollte, wie international üblich ein Frühstück integriert sein. Auch Frühstücksbuffets gehören mittlerweile zum internationalen Standard. Das bisherige System, nach dem jede Portionsbutter, Brotscheibe oder Kaffeesahne einzeln abgerechnet wird, ist jedenfalls nicht mehr zeitgemäß.

Wie die Umfragen der Gäste zeigen, ist ein großer Teil der Besucher recht jungen Alters. Aus diesem Grund wäre es ratsam, auch eine Jugendherberge mit studentenfreundlichen Preisen zu errichten. Auch Private Gästezimmer sollten angeboten werden. Dies kann in Form von öffentlichen Ausschreibungen in der Lokalpresse geschehen. Auch Campingplätze sollten angelegt werden. Ein möglicher Standort könnte der Stadtteil Karvasary unterhalb der

Burg sein. Weitere Plätze können in Ustja, nahe der Dnisterschleife von Vru-
blivzi, am Zbruč bei Kudrynci und nahe Stara Ušycja entstehen.

Gastronomie:

Das gastronomische Angebot ist im Grunde bereits recht gut. Das Angebot in
der Altstadt sollte jedoch noch ausgebaut werden. Auch in der Burg existiert
bislang noch kein Angebot. Sehr gut für eine Caféterrasse eignen würde sich
die Bastion: „pivničnij dvir", nahe des Eingangs zur Burganlage. Auch der Bau
von Musik- oder Kleinkunstkneipen ist dringend erforderlich. Unter 5. „Kultur"
wird auf dieses Problem noch näher eingegangen.

1.3   Stadtsanierungsmaßnahmen

Die Arbeiten zur Sanierung und Rekonstruktion der Altstadt haben begonnen.

Dies ist in jeder Beziehung zu begrüßen, da die Stadt durch das derzeitige
verwahrloste Altstadtbild die Erwartungen, die bei den Gästen durch deren
spektakuläre Lage und die Burganlage geweckt werden, nicht erfüllen kann.
Das Setzen auf Privatinvestoren ist hierbei sicher sinnvoll, da die Stadt nicht
über die nötigen Möglichkeiten verfügt, den Aufbau zu finanzieren. Bei der
Rekonstruktion der Kirchen sollte jedoch eine Lösung gesucht werden, gerade den finanzschwächeren Gemeinden wie der orthodoxen Kirche des Kiewer Patriarchates unter die Arme zu greifen. Eine Kirche ist mehr als nur ein
Gottesdienstraum für die jeweilige Gemeinde. Durch deren Türme und Kuppeln werden städtebauliche Akzente gesetzt, durch welche die Stadt auch in
touristischer Hinsicht hinzugewinnt. Insofern kann der Wiederaufbau von Kirchen – auch in laizistischen Staaten - sehr wohl als öffentliche Aufgabe bezeichnet werden.

Grundsätzlich ist zu erwähnen, dass durch den Wiederaufbau der Stadt der
urbane Charakter der Altstadt wieder entstehen muss. Dies ist nur dann möglich, wenn die künftige Altstadt auch „lebt". Zu einer lebendigen Stadt gehören
nicht nur Souvenirläden, Galerien, Museen, teure Cafés und dergleichen. Zu
einer lebendigen Stadt gehören auch Schulen, Geschäfte des täglichen Be-

darfs, Märkte, Wohnungen sowie produzierendes Gewerbe. Dieser Grundsatz wurde im städtischen Entwicklungskonzept nirgends explizit ausfindig
gemacht. Wird dieser Grundsatz nicht verfolgt, kann es zu einer „Walt Dis-
ney-isierung" der Altstadt kommen, die unter allen Umständen zu vermeiden
ist. Die Fehler, wie sie in Deutschland, beispielsweise an Rhein und Mosel,
gemacht wurden, wo es in den Altstädten zwar 40 Souvenirläden und 20
Weinstuben, jedoch keinen Lebensmittelladen mehr gibt, sollten in Kam"janec'
unter allen Umständen vermieden werden. Ein wichtiger Schritt auf diesem
Weg ist, die Investoren dazu zu verpflichten, dass alle Neubauten in der Altstadt auch einen gewissen Prozentsatz an Wohnungen enthalten. Diese
Wohnungen sollen auch für die Normalbevölkerung bezahlbar sein.

Sehr zu empfehlen wäre die Schaffung einer Dauerausstellung zum Thema
Altstadtsanierung, in der verschiedene Konzepte vorgestellt werden können.
Dadurch kann nicht nur das Verständnis für die derzeitigen Einschränkungen
durch die zahlreichen Baustellen geweckt werden, sondern auch das Bedürfnis der Gäste, angesichts der Entwicklungen, die Stadt in einigen Jahren
nochmals zu besuchen, entstehen. Erfahrungen aus Berlin (Potsdamer Platz)
oder Dresden (Frauenkirche) zeigen, dass derartige Infopavillons selbst zu
touristischen Attraktionen werden können.

Auf alle Fälle sollten an den neu entstehenden Bauten innerhalb der Altstadt
Tafeln mit Skizzen der künftigen Fassaden angebracht werden, um den Besuchern eine Vorstellung vom künftigen Gesicht der Stadt zu ermöglichen.

Anzuraten ist ferner, mit der Umgestaltung des Pol's'kyj Rynok bereits jetzt zu
beginnen. Der Platz sollte bis zu der einstigen Bebauungsgrenze gepflastert
werden. Nur ein Teil der Bäume kann daher stehen bleiben. Die noch nicht
bebauten Teile des Platzes können vorerst Grünanlage bleiben, diese sollte
aber einen gepflegten und ordentlichen Eindruck, etwa in Form einer Rasen-
fläche, machen. Durch diese Maßnahme würde das Zentrum schon jetzt sehr
viel urbaner, als es sich angesichts des verwilderten Parks, der sich derzeit
an dieser Stelle befindet, im Augenblick präsentiert. Der Ziel muss sein, dass
der Pol's'kyj Rynok wieder zur „Guten Stube" der Stadt wird.

1.4   Touristisches Angebot

Was das touristische Angebot betrifft, ist noch viel zu tun. Dies wurde aber in dem touristischen Entwicklungsplan erkannt, und somit ist eine Tendenz zum besseren erkennbar. Daher nur einige Anmerkungen zu den Incomingagenturen und zur Touristinformation:

Die Incomingagenturen sollten umgehend Programme entwickeln, die für Individualtouristen zugänglich sind. Eine reine Orientierung auf Gruppen, wie sie bislang vorherrscht, mag in einem sozialistischen Staat seine Berechtigung gehabt haben. Nicht jedoch in der heutigen Ukraine, die bekanntermaßen den Beitritt in die EU anstrebt. Programme, wie man sie von Reiseveranstaltern kennt, mit festen Angeboten und Terminen, zu denen man sich als Einzelperson anmelden kann, sollten gedruckt werden und in Hotels, in Gaststätten und in Museen ausliegen. Ein breites Spektrum von Packages mit verschiedenen Themenschwerpunkten sollte entwickelt werden.

Beispiele könnten sein:

- Bustouren von Burg zu Burg durch Podillja

- 3 Tage Kam"janec'–Podil's'kyj mit Vollpension und thematischen Führungen und kulturellen Veranstaltungen.

- „Auf den Spuren von Henryk Sienkiewicz", mit Besuch der original Schauplätze seines Romans, für die polnische Zielgruppe.

- Natur- und wassertouristische Angebote in der Umgebung.

Diese Angebote könnten in Kooperation von Touristinformation und Incomingagenturen veranstaltet werden. Auch das Einbeziehen von Vereinen und Interessensverbänden in das touristische Angebot kann hilfreich sein.

Die Touristinformation muss weiter ausgebaut werden. Dringend erforderlich ist eine Beschriftung, die auch von ausländischen Gästen verstanden wird.

Mitarbeiter mit Englisch- und Polnischkenntnissen sollten permanent vor Ort sein. Die Tatsache, dass auch der Tourismusverband des Kreises die Einrichtung einer Touristinformation plant, bringt die große Chance mit sich, gemeinsam in geeignetere Räumlichkeiten umzuziehen.[45]

Hier eine mögliche Situationsbeschreibung des Jahres 2010: *„Die Touristinformation befindet sich unmittelbar am polnischen Markt, in einem freundlichen Ladenbüro mit großen Fenstern. Poster und Veranstaltungspläne dekorieren die Schaufenster und im Inneren sorgt eine Sitzgruppe für eine freundliche Atmosphäre. Das vor Ort erhältliche Prospektmaterial umfasst Infobroschüren über die Stadt und die Umgebung, Veranstaltungsprogramme und Unterkunftsverzeichnisse. Die Druckkosten finanzieren sich durch Werbeeinnahmen und durch die Beiträge der Mitglieder beider Tourismusverbände. Somit können diese den Gästen kostenlos angeboten werden.“*

Kurz angesprochen werden soll noch das sonstige touristische Angebot: Zumindest Sportmöglichkeiten, die auch für Touristen nutzbar sind, sollten geschaffen werden. Dazu zählen öffentliche Schwimmbäder, ein Bootsverleih und ein Fahrradverleih. In Punkt 6 wird darauf noch intensiver eingegangen.

1.5 Kultur

Auch das Thema kulturelles Angebot wurde bereits besprochen. Dabei konnte ein eklatanter Mangel festgestellt werden. Für eine Stadt, die einerseits von einem hohen Anteil junger Bevölkerung geprägt ist und die andererseits von einem hohen Anteil junger Gäste besucht wird, ist dieses Angebot nicht ausreichend.

Zwar sind die Festivals und Großveranstaltungen ein wichtiger und richtiger Schritt. Da es sich hierbei nur um punktuelle, zeitlich eingegrenzte Veranstaltungen handelt, ist daneben auch ein reguläres Angebot vonnöten.

Auch hier könnte ein Blick nach Polen den nötigen Input geben. Hier hat sich in fast allen Studentenstädten im Laufe der 90er Jahre ein lebendige Musik- und Kulturszene entwickelt. In Krakau etwa gibt es kaum ein Haus in der Altstadt, in dessen Kellergewölbe sich keine Kneipe, keine Kleinkunstbühne,

---

[45]   Gute Tipps zur Einrichtung einer Touristinformation gibt folgendes Buch auf S. 749: Günther Haedrich, Claude Kaspar, Kristiane Klemm, Edgar Kreilkamp (Hrsg.): Tourismusmanagement, 3. Auflage, Berlin–New York 1998.

kein Jazzclub befindet.

Leerstehende historische Bauten und demnach auch Kellergewölbe gibt es in Kam''janec'–Podil's'kyj in großer Zahl. Dass diese bislang nicht genutzt werden, liegt nach Meinung des Verfassers unter anderem auch daran, dass eine derartige Clubszene, wie sie in Polen existiert, hierzulande weithin unbekannt ist, und dies daher bislang nicht als Mangel empfunden wurde. Andererseits gibt es in der Stadt eine lebendige Musikszene und auch zwischen fünf und zehn semiprofessionelle Rockbands. Auftrittsmöglichkeiten hingegen gibt es keine. Bei Gesprächen mit Studenten hört man zudem sehr wohl auch Worte des Bedauerns über die seltenen Konzerte in der Stadt und die schlechte Musik in den örtlichen Discotheken.

Sowohl bei der einheimischen Bevölkerung, wie auch bei den Gästen ist also von einem Bedarf an Kultur- und Lifemusik auszugehen.

Natürlich müssten die entsprechenden Räumlichkeiten geschaffen oder zumindest hergerichtet werden. Konkret denkbar wären die ausgedehnten Kellergewölbe des Gebäudes Pol's'kyj Rynok 4, die Gewölbe der Ruine des Pol's'kyj Rynok 10 oder der Stefan Batori Turm der alten Stadtmauer. Gerade letzterer – seit Jahren leer stehend – bietet, hinter dicken Mauern, hervorragende Möglichkeiten für Konzerte und alternative Discoveranstaltungen, wie Vergleiche mit deutschen Studentenclubs – etwa dem „Turm" in Halle / Saale oder der „Moritzbastei" in Leipzig zeigen.

Die Einrichtung derartiger Clubs ist zudem ein entscheidender Schritt auf dem Weg zu einer „lebendigen" Altstadt, wie sie wünschenswert wäre.

Der Stadtverwaltung kann man nahe legen, die Gründung eines Vereins oder einer Musikerinitiative voranzutreiben und diese organisatorisch und wenn möglich auch finanziell beim Ausbau der Räumlichkeiten zu unterstützen. Dem vorgegebenen Ziel, sich als Kulturmetropole zu positionieren, käme dies jedenfalls sehr nahe.

Zudem sollten regelmäßig Freiluft-Konzerte in den Parks des Stadtzentrums, sowie im Hof der Burg oder auf dem Gelände der Festungsanlage hinter der Burg stattfinden. Letztere könnte generell ebenfalls eine interessante Location für jugendkulturelle Veranstaltungen werden, leider liegt diese relativ weit ab vom Schuss.

Auch die beiden Kulturhäuser, in denen Angebote der „hohen Kultur", also Symphonie- oder Kammerkonzerte stattfinden könnten, sollten gedruckte Programme herausgeben und diese in der Touristinformation auslegen.

Auch traditionelle ukrainische Volksmusik erfreut sich mittlerweile wieder großer Beliebtheit. Mit Instrumenten wie Bandura oder Kobza, und im geringeren Maße auch Drehleier, hebt diese sich zudem stark ab von der Musik der umliegenden Länder Rumänien, Polen oder Russland.

Im Hinblick auf Kirchenmusik sollte mit den jeweiligen Kirchengemeinden Kontakt aufgenommen werden. Generell ist zu bemerken, dass die Vokalmusik wie man sie in den orthodoxen Kirchen zu hören bekommt, auch für die Gäste der Stadt von Interesse sein kann. Für Orgelmusik hingegen sind die polnischen Gemeinden zuständig, da dieses Instrument in der orthodoxen Liturgie nicht verwendet wird.

Zusammenfassend sei gesagt: das kulturelle Potenzial der Stadt ist vorhanden, es muss nur genutzt werden.

1.6   Nutzung des touristischen Potenzials der Umgebung

Viel wurde bereits gesprochen über das touristische Potenzial der Umgebung. Als typische Karstlandschaft weist die Region eine Vielzahl von Attraktionen aus, die genutzt werden können.

Vergleiche mit westeuropäischen Karstlandschaften, etwa der fränkischen Schweiz, dem französischen Jura oder den belgischen Ardennen zeigen, dass vergleichbare Regionen ein hohes Maß an Popularität haben.

Grüner Tourismus:

Auf Grund des naturbelassenen Charakters der Dörfer ist davon auszugehen, dass diese gerade für Familien aus westeuropäischen Ländern, in denen es derartige Dörfer kaum noch gibt, eine besondere Attraktion darstellen. Bei der Renovierung und dem Neubau von Häusern in den Dörfern ist darauf zu achten, dass die traditionellen Bauformen eingehalten werden und auch

bei der Bauweise der Dächer wieder zu den traditionellen Ziegeldächern zu-
rückgekehrt wird. Noch erhaltene Reetdächer sollten unbedingt restauriert
werden. Dasselbe gilt für die mittlerweile selten gewordenen Windmühlen.
Das Angebot an Fremdenzimmern und Ferienhäusern in den Dörfern sollte
weiter ausgebaut werden. Die Aktivität der Tourismusbeauftragten der Kreisverwaltung, weitere Häuser ausfindig zu machen, ist dabei sehr hoch einzuschätzen.[46] Wichtig in diesem Zusammenhang ist die Erstellung einer Broschüre des vorhandenen Angebotes und eine adäquate Ausschilderung vor
Ort. Hofläden und Strauswirtschaften in den Dörfern könnten das Angebot
ergänzen. Als Vorbild könnten die französischen „Fermes Auberges" gelten,
die vor allem in den Vogesen aber auch anderswo eine beliebte Einkehr- und
Übernachtungsmöglichkeit darstellen.

Naturtourismus:

Das Anlegen und Ausschildern von Wanderwegen sollte in den kommenden
Jahren oberste Priorität erhalten. Nur so ist es möglich, dass die Vielzahl der
landschaftlichen Schönheiten auch entdeckt werden können und Spazier-
gänge in die umliegenden Wälder nicht nur zum Pilzesammeln erfolgen. Es
existiert ein dichtes Netz von Feldwegen, die auf den topografischen Karten
des Maßstabes 1:100000 auch verzeichnet sind. Diese könnten leicht zu einem Netz zusammengefügt werden. Dieses Netz ist zu markieren und aus-
zuschildern.

Die Täler von Zbruč und Smotryč sind bislang weitgehend weglos. Da gerade
Täler als Wanderrouten besonders attraktiv sind, sollten auch hier Wege angelegt werden. Hier muss die Verwaltung des Nationalparks in die Pflicht genommen werden.

Auch der Ausbau der Gastronomie im ländlichen Raum – auch hier können
die französischen „Fermes Auberges" ein Vorbild sein - ist dringend erforderlich. Auch die Hütten des Pfälzer Waldvereins können als Vorbild für Gastronomie im ländlichen Raum gelten. Durch Anlegen vom Campingplätzen kann
das bislang weithin verbreitete wilde Campieren eingeschränkt werden und

---

[46]   Sinnvoll könnte ein neu zu schaffendes Gesetz sein, wonach für alle
Beherbergungsbetriebe des grünen Tourismus eine Registrierungspflicht bei der

dem Problem des damit häufig verbundenen Zurücklassen von Müll begegnet werden. Ein Verbot des wilden Campierens ist jedoch nicht ratsam, und vermutlich auch nicht durchsetzbar. Durch das Anlegen von Wanderparkplätzen und Aufstellen von Informationstafeln und Papierkörben würde sich die naturtouristische Infrastruktur ebenfalls spürbar verbessern. Unbedingt erforderlich ist die Herausgabe von Wander- und Naturführern mit beschriebenen Wanderrouten und das Drucken von Wanderkarten auf Grundlage der bereits existierenden Topographischen Karten. Diese sollten statt in russischer Sprache auf ukrainisch verfasst sein.

29   Die Westukraine ist für ihren Pilzreichtum bekannt

Angebote für Aktivtourismus

Die Podil's'ki Tovtry könnten vom Potenzial her ein Paradies für Aktivtouristen sein. Dies betrifft sowohl den Bereich des Radtourismus, das Reittourismus, des Kletterns als auch den Bereich der Speleologie. Eine ganz besondere

Dachorganisation besteht. Somit kann diese für ein Angebot aus einem Guß sorgen, und somit viel zur besseren Übersichtlichkeit dieses Angebotes beitragen.

Rolle spielt der Wassertourismus.

Die Erschließung von Podillja als Klettergebiet hat im Stadtgebiet begonnen. Allerdings bislang nur in einem kleinen Teil des Smotritschcanyons. Allein innerhalb des Stadtgebietes stehen jedoch mehrere tausend Meter an bekletterbarem Fels zu Verfügung. Der Fels ist von hoher Festigkeit und bietet daher alles, was man als Kletterer benötigt. In den Tälern handelt es sich überwiegend um Wandkletterei. Freistehende Türme findet man vor allem am Dnister. Es wäre wünschenswert, wenn man in einigen Jahren nicht mehr sagen müsste: „In Kam"janec'–Podil's'kyj gibt es ein Klettergebiet" sondern: „Kam"janec'–Podil's'kyj ist ein Klettergebiet." Wichtig auf dem Weg dorthin ist die Erstellung eines Kletterführers und vor allem die Eröffnung von Kletterläden, wo die nötigen Ausrüstungsgegenstände, also Seile, Karabiner, Bandschlingen und Schuhe erhältlich sind. Bei der Erschließung der Region als Klettergebiet könnten die örtlichen Kletterer ebenfalls einen entscheidenden Beitrag leisten.

Auf Grund der zahlreichen Höhlen kann sich die Region auch als speleologische Destination profilieren. Hierzu ist eine enge Kooperation mit den Höhlenforschern von Chmel'nyc'kyj und Ternopil' erforderlich. Diese sollten dazu animiert werden, regelmäßig Führungen in die unerschlossenen Höhlen der Region anbieten, während die örtliche Touristeninformation in Zusammenarbeit mit Incomingagenturen Bustouren zur Kryštalevahöhle anbieten kann.

Die Vorraussetzungen für Radtourismus sind vorzüglich. Seit einigen Jahren sind auch qualitativ hochwertige Fahrräder vor Ort zu bekommen. Fahrradrouten sollten ausgeschildert werden und ein oder mehrere Fahrradverleihstationen aufgebaut werden. Die Alleen, die, wie bereits erwähnt einen stark verwilderten Eindruck hinterlassen, sollten ebenfalls freigeschnitten werden um so die Attraktivität der Landschaft zu erhöhen.

Im Hinblick auf Angebote für Reittourismus kann auch die Vielzahl der vorhandenen Pferde, die in der Landwirtschaft nach wie vor eingesetzt werden, zurückgegriffen werden. Denkbar wären sowohl geführte Ausritte durch die Täler und Hügel der Podil's'ki Tovtry als auch Kutsch- oder Planwagenfahrten in der Region.

Zu guter Letzt wird der auch der Wassertourismus mittelfristig eine große Rolle spielen. Unbedingt einzurichten ist ein Kanuverleih an den Flüssen

Zbruč und Smotryč. Die genannten Flussläufe verfügen nicht nur über wildromantische Täler, auch das Wasser hat eine Fließgeschwindigkeit, bei der das Kanu fahren richtig Freude macht, jedoch ohne wirklich gefährlich zu werden. Diese Erschließung könnte geschehen über neu zu gründende private Firmen, die über ein öffentliches Ausschreibungsverfahren ausgewählt werden. Was die praktische Durchführung betrifft, sei auf die Vorbilder des französischen Tarn oder der belgischen Lesse verwiesen. Hierbei mietet der Gast ein Boot, bekommt eine Schwimmweste, erhält eine kurze Einführung sowie eine Routenbeschreibung und unterschreibt einen Haftungsausschluss. Zu einer bestimmten, großzügig kalkulierten Zeit, hat er am Endpunkt zu sein, von wo aus der Rücktransport organisiert wird. Für das Tal des Sbrutsch ist der Abschnitt von Skala Podilska bis Okopy auszubauen, für das Tal des Smotryč könnte ein derartiges Angebot in dem gleichnamigen Städtchen des Kreises Dunajivci beginnen und in Ustja enden.

Auch innerhalb von Kam"janec' wäre ein Angebot für Kanufahrten wünschenswert. Alle diese Angebote können innerhalb von 2 – 5 Jahren problemlos realisiert werden. Auch das Tal und der Stausee des Dnister bergen ein großes Potenzial, das derzeit noch nicht genutzt wird.

In Zusammenarbeit mit den Nachbarbezirken Ivano-Frankivsk, Ternopil', Černivci und Chmel'nyc'kyj ist eine Schnellbootverbindung von Halyč über Zališčyky und Chotyn nach Novodnistrovsk einzurichten. Diese Schnellbootverbindungen sind innerhalb der GUS recht populär und existieren innerhalb der Ukraine auf dem Dnipro und der Donau. Diese Maßnahme eröffnet die Möglichkeit ein romantisches, tief eingeschnittenes Flusstal kennen zu lernen, das bisher kaum erschlossen ist.

Das Angebot von organisierten mehrtägigen Katamaranfahrten sollte ferner ausgebaut werden. Auch fehlen derzeit noch Badestrände mit entsprechender Infrastruktur, wie etwa Gastronomie oder Sportmöglichkeiten und öffentlichen Toiletten.

2.   Marketing und Vertrieb

Für die endgültige Erstellung einer Marketingkonzeption ist es nach Meinung des Verfassers noch zu früh, da - wie aus den vorangegangenen Kaptiteln hervorgeht - es noch an den infrastrukturellen Voraussetzungen fehlt. Dennoch ist es anzuraten, sich bereits jetzt über ein professionelles Marketing Gedanken zu machen. Daher sollen hier nun noch einige Gründzüge des Tourismusmarketing kurz angeschnitten werden, die sich zum Teil auch mit den bereits gewonnenen Erkenntnissen decken.

2.1   Touristisches Leitbild

An erster Stelle des strategischen Marketing einer Destination steht die Entwicklung eines touristischen Leitbildes, in das die Ergebnisse des Stärken- und Schwächenprofils miteingehen. Ein solches touristisches Leitbild wurde in dem städtischen Entwicklungsplan ansatzweise entwickelt. In jedem Fall sollte es weiterentwickelt werden. Hierfür hat sich folgende Vorgehensweise etabliert:[47] 4 Fragestellungen stehen dabei im Vordergrund:

1.	wo stehen wir?
2.	wo wollen wir hin?
3.	wie wollen wir das erreichen?
4.	welche Grundsätze verfolgen wir dabei?

Auf Kam''janec' angewendet heißt dies:

Wo stehen wir?

Kam''janec'–Podil's'kyj verfügt über ein großes touristisches Potenzial bei

---

[47]   Vgl. Haedrich, Kaspar, Klemm, Kreilkamp, Tourismusmanagement, S. 279ff.

kaum vorhandener touristischer- und schlechter allgemeiner Infrastruktur.

Wo wollen wir hin?

Kam"janec'–Podil's'kyj ist eine national, wie international bekannte Destination mit guter Infrastruktur für alle Ansprüche. Die Hauptzielgruppe der Destination sind Kultur-, Aktiv- und Naturtouristen. Die Destination ist als Marke im In- und Ausland ein Begriff.[48]

Wie wollen wir das erreichen?

Dies kann erreicht werden durch Investitionen in die allgemeine wie auch die touristische Infrastruktur. Dadurch kommt es zur Verbesserung des touristischen Angebotes.

Welche Grundsätze verfolgen wir dabei?

Der Grundsatz für die Stadt muss heißen: die Altstadt muss auch den Bürgern gehören und nicht nur den Touristen. Die Preise der touristischen Dienstleistungen müssen so sein, dass diese auch der für ukrainische Normalbürger erschwinglich sind. Der Grundsatz der lebendigen Altstadt muss gewahrt bleiben.

Erläuterung:

1.   Gerade im Falle von Kam"janec'–Podil's'kyj ist es wichtig, dass sich die Destination ihrer Stärken aber auch seiner Schwächen bewusst wird. Nur wenn beides bekannt ist, kann auch effektiv weitergearbeitet werden. Die kritische Bestandsanalyse, wie sie zu Beginn dieser Arbeit gemacht wurde, ist also keinesfalls als „Besserwisserei" arroganter Westeuropäer zu sehen, sondern elementarer Bestandteil des Planungsprozesses.[49]

---

[48]   Mehr zum Thema Markenbildung im folgenden Kapitel.
[49]   Der Verfasser hat im Verlauf zahlreicher Diskussionen mit ukrainischen Bürgern die Erfahrung machen müssen, dass das Vermögen, zwischen destruktiver und konstruktiver Kritik zu unterscheiden bislang noch schwach entwickelt ist.

2. Es muss eine klare Zielgruppendefinition stattfinden um herauszufinden, welches Marktsegment vorrangig angesprochen wird.

3. Über die Verwirklichung dieser Ziele wird in dem Entwicklungsplan der Stadt wenig gesagt. Vielmehr sind zahlreiche Unwägbarkeiten, wie etwa die schwache Wirtschaftslage des Landes festzustellen. Hier fehlt es noch an klaren Konzepten. Auch das Erschließen weiterer Geldquellen ist von entscheidender Bedeutung, wie der marode Zustand der Bahn, oder auch der nur sehr langsame Fortschritt beim Wiederaufbau der Trojickakirche deutlich vor Augen führt.

4. Eine einseitige Beschränkung auf das zahlungskräftige Publikum aus dem Ausland, bzw. aus der Hauptstadt ist aus sozialen Gründen durch nichts zu rechtfertigen. Auch nicht durch kurzfristige finanzielle Vorteile einiger Tourismusunternehmen. Wichtig ist ferner die Beteiligung der Bürger am Planungsprozess.

2.2 Entwicklung einer Marke

Das Entwickeln einer Marke sollte oberste Priorität haben. Marken spielen im Marketing generell eine wichtige Rolle. Sie schaffen einen Identifikationspunkt und bringen Vertrauen mit sich. Dieses Vertrauen führt wiederum dazu, dass die Gästezahl steigt, dass die Destination sich weiterentwickelt und auch weiterempfohlen wird. Bei der Markenbildung wird daher stark auf Emotionen gesetzt und versucht, Altes und Bekanntes, das erwiesenermaßen mit positiven Emotionen besetzt ist, aufzugreifen und in das neue Produkt mit einzubinden. Das Erkennen und Aufgreifen latenter Kundenwünsche ist daher von entscheidender Bedeutung. Man bezeichnet dies als aktive Positionierung.

Für Kam"janec' könnte das heißen: Entwicklung eines Slogans. Vom Verfasser entwickelt wurde hierbei: „Das Ukrainische Rothenburg". Dieser Namenszusatz ist besonders für die deutschsprachige Kundengruppe von Bedeutung, da die Stadt Rothenburg ob der Tauber, als historische, gut befestigte Stadt in Deutschland allgemein bekannt ist. Für den westeuropäischen Markt hingegen wäre vermutlich der Zusatz: „Das Ukrainische Carcassonne" erfolgversprechender. Es ist dafür zu sorgen, dass diese Marke von allen Leistungsträgern verinnerlicht wird. Nur dann kann eine Marke auch Erfolg haben. Man bezeichnet dies auch als Markendurchdringung oder Corporate Identity.

Auch ein Logo sollte entwickelt werden. Das Stadtwappen allein, das derzeit noch als Logo fungiert, ist wenig aussagekräftig, könnte aber, da es die Form einer Sonne hat, in ein neues Logo mit eingebunden werden.

Dieses könnte wie folgt aussehen:

30   Vorschlag für ein Logo der Stadt

Dieses Logo, deckt alle wichtigen Elemente der Stadt ab:

-    in Form der Sonne kann das Stadtwappen integriert werden

-    repräsentativ für die zahlreichen Sehenswürdigkeiten der Stadt stehen die Burg, sowie die hölzerne Kreuzerhöhungskirche

- ein Bandura spielender Kobzar, symbolisiert die ukrainische Kultur

Nach westeuropäischem Vorbild sollte dieses, oder ein vergleichbares Logo an allen Zufahrtsstraßen zur Stadt aufgestellt werden und somit die vorbeikommenden Autofahrer auf die Stadt aufmerksam machen. Dieses Logo könnte ferner Teil eines zu entwickelnden Corporate Design werden. Das Entwickeln der Marke wird die Aufgabe erfahrener Marketingspezialisten sein.

2.3. Kooperationen

Im Tourismusmarketing kommt dem weiten Feld der Kooperationen eine bedeutende Rolle zu. Dabei muss unterschieden werden zwischen regionalen, nationalen und internationalen Kooperationen.

Die bereits gegründeten Tourismusverbände sind ein gutes Beispiel für regionale Kooperationen. Auch Vereine und Interessensgemeinschaften sowie die Kirchengemeinden sollten in diese Tourismusverbände mit einbezogen werden. Auch ist es nötig, die beiden Tourismusverbände für Stadt und Kreis mittelfristig einem Verband zu vereinigen um besser an einem Strang ziehen zu können und somit Synergieeffekte zu nutzen.

An nationalen Kooperationsformen existiert seit einiger Zeit ein Netzwerk „historische Städte". Nach Aussage des Tourismusbeauftragten der Stadt sind diesem Netzwerk mittlerweile 16 Städte beigetreten. Auch die Hauptstadt Kyjiv – eine Metropole von 2,6 Mio. Einwohnern gehört diesem Verband an. Somit ist dieser Verband äußerst heterogen. Eine gemeinsame Interessensvertretung bzw. eine gemeinsame Werbegemeinschaft ist also kaum möglich. Günstiger wäre es, eine „Werbegemeinschaft mittelgroße historische Städte" zu gründen. Untergrenze hierfür sollte etwa 80000 – 100000 Einwohner sein, Obergrenze eine Einwohnerzahl von etwa 300000. In jedem Fall sollte eine gemeinsame Broschüre und eine gemeinsame Webseite erstellt werden, um sich gegenseitig vermarkten zu können.

Ferienstraßen

Als weitere Kooperationsmaßnahme wäre die Einrichtung von Ferienstraßen denkbar. Diese haben sich in westlichen Ländern seit Jahrzehnten bewährt und dienen der Aufwertung touristisch weniger frequentierter Regionen, deren Orte für sich genommen häufig nicht genug bieten, um sich als Destination wirklich behaupten zu können. Im Zusammenschluss mit anderen Klein-Destinationen jedoch kann somit eine Großdestination entstehen, die über die nötige Attraktivität verfügt, um eine ausreichende Zahl von Gäste anzuziehen. Gemeinsame Internetauftritte, wie auch Bücher oder Broschüren sorgen dabei für Synergieeffekte, die ansonsten ungenutzt blieben. Dass dabei die einzelnen Kleindestinationen untereinander auch konkurrieren, muss kein Widerspruch sein. Im Falle der Ferienstraßen geschieht dies, indem auf ganz bestimmte Besonderheiten der Region, die längs der Straße zu finden sind, hingewiesen wird. Diese Besonderheiten können architektonischer, kulturhistorischer oder landschaftlicher Natur sein. Diese sind oftmals eher unauffällige, aber typische Bestandteile einer Kulturlandschaft, die Teil der jeweiligen regionalen Identität sind und positive Assoziationen wecken. Die Route erhält dabei ein deutlich erkennbares Logo und durch Hinweisschilder, wie auch durch Besucherzentren wird auf die Sehenswürdigkeiten der Region hingewiesen und informiert. Die Ferienstraße kann dabei als „Marke" angesehen werden. Von dieser Marke profitieren deren Mitglieder indem sich die positiven Assoziationen der Marke auf die Destination mit übertragen. Bekannte Beispiele für Ferienstraßen sind in Deutschland etwa die „Romantische Straße", die „Deutsche Alleenstraße", die „Deutsche Weinstraße", die „Deutsche Märchenstraße" oder die „Straße der Romanik". Auch internationale Ferienstraßen existieren. Als Beispiel sei genannt: die „Grüne Straße / Route Verte" durch Eifel und Ardennen. Diese Straße führt durch vier europäische Länder. Derartige Ferienstraßen sind in der Ukraine bislang noch nicht vorhanden, können aber empfohlen werden, da dies eine Gegenmaßnahme zu der bislang zu beobachtenden, ausschließlich punktuellen Erschließung des Landes ist.

Projektidee: Ukrainische Burgenstraße

Für die Westukraine ist die Einrichtung einer „Ukrainischen Burgenstraße" anzuraten. Burgen gibt es in der Ukraine mit Ausnahme der Schwarzmeerküste nur in der Westukraine. Somit sind diese – einst Teil einer Burgenkette an

der Ostgrenze des Großreiches Polen – Litauen gegen die Türken - als regionale Besonderheit anzusehen. In anderen Teilen des Landes, wie auch in
Russland wurde die Funktion der Burgen von festungsartigen Klosteranlagen
übernommen.

Diese Burgenstraße könnte in Užhorod beginnen und durch das Tisatal, über
Mukačeve, und die Karpaten nach Halyč am Dnister und weiter durch den
galizischen Teil von Podillja, über Bučač, Skala Podil's'ka, Okopy nach Chotyn führen. Von dort aus wieder nordwärts über Kam"janec'–Podil's'kyj nach
Letyčiv, Medžybiž, Chmel'nyc'kyj, Sataniv, Terebovlja, Ternopil', Kremenec',
Zoločiv nach L'viv. Über Trus'kavec' und Urič wird über das Užtal wieder der
Ausgangpunkt erreicht. Eine in Letyčiv abzweigende nördliche Variante,
könnte mit Starokostjantyniv, Ostroh, Korec' und Luc'k den volynischen Teil
abdecken.

31   Burgen, wie hier in Luc'k, gibt es in der Westukraine in großer Zahl

32   Ein weiteres Beispiel ist Kremenec'

Die Graphik auf der folgenden Seite zeigt den möglichen Verlauf einer solchen Burgenstraße. Zugrundegelegt wurde hierbei eine Touristenkarte in polnischer Sprache:

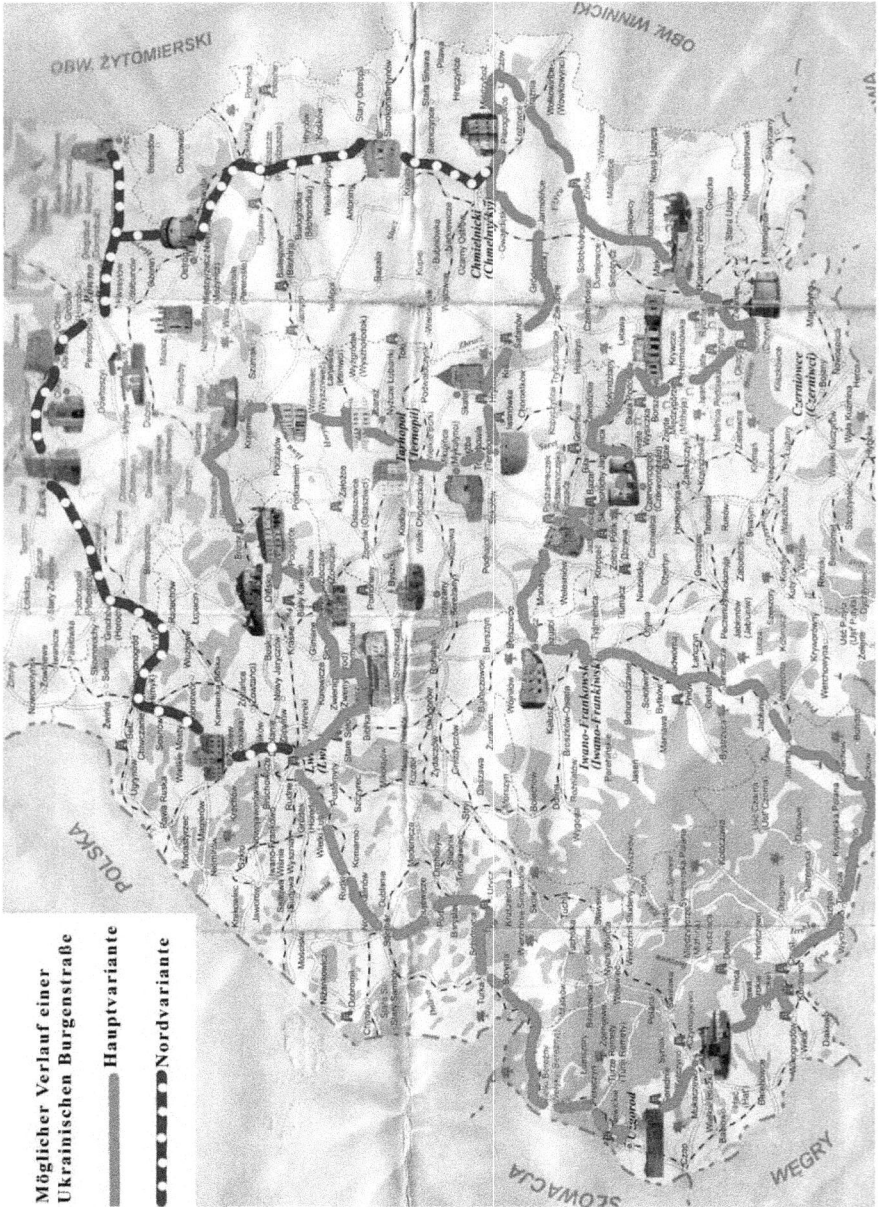

Möglicher Verlauf einer Ukrainischen Burgenstraße

▬▬ Hauptvariante
●●●● Nordvariante

33　Möglicher Verlauf der Ukrainischen Burgenstraße

An internationalen Partnerschaften bietet die Freundschaft mit Wiesbaden große Zukunftschancen. Auch in touristischer Hinsicht könnte das für die Stadt und die Region von Bedeutung sein, da Wiesbaden und der Rheingau als stark touristische Regionen viel an Erfahrung mitbringen, und daher wertvolle Anregungen für die weitere touristische Entwicklung geben können.

Für die Organisation des Tourismus allgemein kann die Kontaktaufnahme mit französischen Organisationen empfohlen werden, da der Staatsaufbau der Ukraine als Zentralstaat dem Frankreichs sehr ähnlich ist. In diesem Zusammenhang sei die „fédération des villes d'art et de l'histoire" erwähnt.

Für den Aufbau des grünen Tourismus ist die Organisation Gîtes de France als das größte Vorbild zu werten. In dieser Organisation sind zahlreiche privater Anbieter, die mit Hilfen von Katalogen und Internetpräsenz ein gemeinsames Marketing betreiben, vertreten. Mehrere Tausend solcher Ferienhäuser existieren in Frankreich mittlerweile. Die Ukraine, namentlich die „spil'ka spryjannja sil's'koho zelenoho turysmu v Ukrajiny" sollte sich „Gîtes de France" zum Vorbild nehmen.[50]

Auch die Kontaktaufnahme mit europäischen Städten, die über eine ähnliche städtebauliche Situation – also mit Canyons, Stadtmauern und Burgen – verfügen, ist ratsam, um Ideen für den weiteren Ausbau des Tourismus zu sammeln. Beispiele für solche Städte könnten sein: Luxemburg, Veliko Tarnovo (Bulgarien), Langres (Frankreich), Toledo (Spanien), Rothenburg ob der Tauber und Bautzen (Deutschland) sowie Carcassonne (Frankreich).

2.4 Presse- und Öffentlichkeitsarbeit

Unter Öffentlichkeitsarbeit werden alle Maßnahmen verstanden, die dazu dienen eine Person, eine Organisation, ein Unternehmen oder auch eine Destination in positiver Weise bekannt zu machen.

---

[50] Wie groß das Entwicklungspotenzial hier noch ist, zeigt ein Vergleich zwischen den jeweiligen Webseiten: www.gites-des-france.fr; www.greentour.com,ua. Klickt man etwa bei ersterem das Département Bas-Rhin an, so erscheint eine Auswahl von rund 700 Häusern. Im ukrainischen Bezirk Chmel'nyc'kyj sind es derzeit genau 2.

Dabei unterscheidet man:

1. Werbung

2. Verkaufsförderung

3. Public Relation[51]

Werbung:

Werbung sorgt dafür, dass sich ein Produkt auf dem Markt bekannt wird. Dies geschieht durch möglichst weitgehende Präsenz in Massenmedien wie auch in Fachzeitschriften über größere Zeiträume. Für den Erfolg einer Werbemaßname ist einerseits die absolute Zahl der erreichten Personen, wie auch die Zahl der Kontakte einer Person mit ein und derselben Werbeannonce von Bedeutung. Ebenfalls entscheidend ist der Grad eines tiefergehenden Interesses eines potenziellen Kunden für ein bestimmtes Produkt. In der Marketingsprache wird dies als „Involvement" bezeichnet. Es wird davon ausgegangen, dass, je höher das persönliche Involvement an einem Produkt ist, umso niedriger dessen Beeinflussbarkeit. Bei einer kultur- oder aktivtouristischen Destination, wie Kam"janec'–Podil's'kyj ist – anders etwa als bei „Sommer, Sonne, Strand und Meer – Destination" von einem hohen bis mittleren Involvementgrad auszugehen. Das bedeutet: der Besuch einer solchen Destination ist eine bewusste Entscheidung, da der potenzielle Besucher sich vorher eingehend über die Destination informiert. Für das Destinationsmanagement wiederum bedeutet das die Verpflichtung, umfangreiches Informationsmaterial zur bereitzustellen.

Verkaufsförderung:

Verkaufsförderungsmaßnahmen sind zeitlich befristete, oftmals unkonventionelle Aktionen, um einen kurzfristigen Verkaufserfolg zu erzielen. Dies kann z.B. eine besondere Schaufensterdekoration sein.

Beliebte Mittel sind auch Gewinnspiele, Events oder Preisaktionen[52]. Auch

---

[51]   Mehr zum Thema Kommunkationspolitik in Haedrich, Kaspar, Klemm, Kreilkamp: Tourismusmanagement, S. 379.

ein Infostand in einer Fußgängerzone kann als Maßnahme der Verkaufsförderung bezeichnet werden. Eine solche Maßnahme kann auch für Kam''janec' von Interesse sein.

Public Relations:

Public Relation ist zunächst unabhängig vom Produkt, sondern zielt auf eine langfristige Imageverbesserung der Organisation, die dahinter steht. Dies kann im vorliegenden Fall auch der ukrainische Staat sein. Oftmals folgen Public Relation Maßnahmen einem Skandal nach, um das so getrübte Bild in der Öffentlichkeit wieder gerade zu rücken. Mit der Gründung der Organisation „Ukrajina vidoma" auf dem Höhepunkt der Gongadse-Affäre[53] gibt es auch in der Ukraine passende Beispiele für solche Maßnahmen.

Auch für touristische Destinationen ist Öffentlichkeitsarbeit von entscheidender Bedeutung. Ziel ist es, dafür zu sorgen, dass die Destination sich von der Masse der anderen Reiseziele abhebt, so dass diese für den potenziellen Gast interessanter und attraktiver wirkt, als die Konkurrenz.

Vor Ort sind hierfür im allgemeinen die Tourismusverbände und die Touristinformation zuständig. Diese wurden unter III.1.4 bereits intensiv besprochen. Daher an dieser Stelle nur noch eine kurze Zusammenfassung der nötigen, zu ergreifenden Maßnahmen der Presse- und Öffentlichkeitsarbeit.

- Die bereits existierenden Infobroschüren müssen kostenlos zu Verfügung stehen und auf Anfrage den Interessenten per Post zugeschickt werden.

- Eine aussagekräftige, vielsprachige Webseite muss den Interessenten zu Verfügung stehen.

- Die Touristinformation muss möglichst an allen Wochentagen erreichbar sein und alle Mitarbeiter sollten Fremdsprachen beherrschen.

- Die Räumlichkeiten eines solchen Büros müssen internationalen Stan-

---

[52] Ein bekanntes Beispiel hierfür ist die Verkaufsaktion der Deutschen Bahn bei Lidl im Sommer 2005.

[53] Gemeint ist der Mord an einem regierungskritischen Journalisten im Jahre 2001. Kurze Zeit später wurde damit begonnen, die Ukraine mittels Hochglanzbroschüren als touristische Destination zu bewerben. Ein Zusammenhang ist nicht auszuschließen.

dards entsprechen.

Ein unverzichtbarer Bestandteil der Öffentlichkeitsarbeit ist die Pressearbeit. Auch deren Zuständigkeit liegt in der Hand der Tourismusverbände. Deren Aufgabe ist es, regelmäßig Pressemitteilungen zu verschicken. Diese sollten vor allem Informationen mit aktuellem Bezug herausgeben. Dies betrifft sowohl Veranstaltungshinweise, wie etwa das „Festival der sieben Kulturen", aber auch aktuelle Berichte über Entwicklungen der Stadt: Hier einige mögliche Beispiele:

- Neues Hotel fertig gestellt. Weitere werden folgen
- Weitere Baulücke in der Altstadt geschlossen
- Ausstellung über die „orangene Revolution" eröffnet
- Neue Pauschalangebote für internationale Besucher vorgestellt

Es wird deutlich: Ein professionell arbeitender Referent für Öffentlichkeitsarbeit nimmt aktuelle Ereignisse zum Anlass, um eine größtmögliche Pressepräsenz des Ortes zu erreichen. Hierzu ist ein immer auf dem neusten Stand befindlicher Presseverteiler vonnöten. Auch die Einrichtung von Pressemappen oder Pressediensten ist zu empfehlen.

In der Ukraine selbst ist die Stadt weithin bekannt. Ebenso in Polen. Kaum bekannt jedoch ist die Region in Deutschland und Westeuropa. Hier besteht dringender Nachholbedarf. Was also ist zu tun, damit dieser Zustand sich ändert?

Denkbar wäre etwa die Beteiligung der Stadt bei internationalen Touristikmessen. Auf der ITB ist die Ukraine regelmäßig vertreten. Im Rahmen dieses nationalen Standes ist eine Teilnahme der Stadt in Form eines eigenen Standes dringend zu empfehlen. Dies gilt auch für andere Touristikmessen im europäischen Ausland. Auch die Kontaktaufnahme mit Reisebuchverlagen ist sinnvoll und nötig.

Gerade bei einer Destination wie Kam"janec'–Podil's'kyj, in der zur Zeit gravierende Entwicklungen stattfinden, ist es wichtig, die Verlage auf dem neu-

sten Stand zu halten. Reiseführer, welche die Stadt bislang noch nicht erwähnen, sollten dazu ermuntert werden dies künftig zu tun.

Erschwerend kommt jedoch hinzu, dass die Ukraine zumindest in Deutschland über kein Fremdenverkehrsamt verfügt. Dies verwundert, da mit Ausnahme von Polen die deutschen Touristen das stärkste Besucherkontingent
aus den Staaten der EU stellen. Dem neugeschaffenen Ministerium für Kultur
und Tourismus ist die Eröffnung einer ukrainischen Zentrale für Tourismus in
Deutschland dringend nahezulegen. Damit wäre auch die Ausgangssituation
für eine erfolgreiche Öffentlichkeitsarbeit für den deutschen Markt um vieles
einfacher.

Dass eine verstärkte Öffentlichkeitsarbeit, insbesondere von Public Relation -
Maßnahmen gerade in Deutschland notwendig ist, zeigen die zahlreichen,
immer noch vorhandenen Vorurteile über das Land und vor allem die diffusen
Ängste vieler Menschen vor kriminellen Übergriffen. Bleibt dieses Bild weiterhin bestehen, werden auch Destinationen, wie etwa Kam"janec'–Podil's'kyj
es weiterhin nicht einfach haben, sich auf dem europäischen Markt erfolg-
reich zu präsentieren. Entsprechend schwer wird somit auch die Kreation von
Marken fallen.

Die Bilder der orangenen Revolution hat die Wahrnehmung des Landes zwar
verbessert, die verzerrte Berichterstattung einiger deutscher Massenmedien[54]
über die Ukraine, wie sie im Zuge der sogenannten „Visaaffäre" im Winter
des Jahres 2005 zu beobachten war, sollte der ukrainischen Regierung eine
Warnung und Anlass sein, künftig ein besseres Auslandsmarketing zu betreiben.

2.5   Vertriebspolitik

Noch kurz sei das weite Feld der Vertriebspolitik angesprochen. Unter Vertriebspolitik wird die Vorgehensweise verstanden, um ein fertiges Produkt an
der Kunden zu bringen. Dies gilt auch für touristische Dienstleistungen und

---

[54]   Besonders kritikwürdig erscheint dem Verfasser hierbei die Rolle des Magazins
„Der Spiegel".

damit auch für die Angebote einer Destination. Dabei unterscheidet man zwischen direktem und indirektem Vertrieb.

Unter Direktvertrieb wird die direkte Vermarktung eines Produktes über eigene Vertriebskanäle verstanden. Diese können sein: Eine telefonische Hotline, ein Online-Buchungssystem oder auch eine Touristinformation. Auch die Entwicklung eigener Packages, wie im Punkt: „touristisches Angebot" erwähnt, kann als Maßnahme des direkten Vertriebs bezeichnet werden, sofern diese entsprechend beworben werden. Direkter Vertrieb bringt den Vorteil mit sich, diesen komplett selber steuern zu können. Auch spart man sich Kosten für Provisionen beispielsweise für Reisemittler. Zudem kann das Verlorengehen von Informationen, was bei der Beauftragung externer Stellen denkbar ist, vermieden werden. Die Nachteile liegen in relativ hohen Kosten, die entstehen, wenn man alles selber machen will. Auch ist die Reichweite und Effektivität des Vertriebes u.U. geringer als bei Beautragung externer Vertriebspartner.

Unter indirektem Vertrieb wird die Beautragung von Vertriebspartnern, z.B. Reisebüros oder Incomingagenturen verstanden. Diese verfügen häufig über gute Kommunikationsnetze wodurch eine große Reichweite des Vertriebes gesichert ist. Dafür fallen jedoch Provisionskosten an. Auch die Information des Kunden kann möglicherweise weniger kompetent sein, als wenn diese aus erster Hand kommt. Der Idealfall ist somit sicher eine Kombination aus beiden Vertriebswegen.

Für den direkten Vertrieb einer touristischen Destination ist ein funktionierendes Infozentrum die erste Vorraussetzung. Dieses ist, wie aus der vorliegenden Arbeit hervorgeht, in Kam"janec'–Podil's'kyj erst im Aufbau begriffen und ist, wie bereits erwähnt, noch weit von internationalem Standard entfernt. Für den indirekten Vertrieb ist die Frage entscheidend: Inwieweit ist ein Aufenthalt in der Destination über Incomingagenturen, Reisebüros oder Reiseveranstalter buchbar.

Eine Recherche im Internet ergibt folgende recht überraschende Ergebnisse: Ukrainische Incomingagenturen, welche die Stadt Kam"janec'–Podil's'kyj im Programm haben sind äußerst zahlreich vorhanden. Leider ist nur ein geringer Teil dieser Agenturen im Ausland bekannt, so dass zumindest die internationale Wirkung dieser Agenturen mit einem Fragezeichen zu versehen ist.

Die mehrfach erwähnte Gruppenorientierung eines großen Teils dieser Agenturen ist ein weiteres Manko.

Gibt man bei Google die polnischen Suchworte: „biuro podrozy + kamieniec - podolski" ein, so finden sich mehrere Dutzend recht professionell wirkender Reiseveranstalter, die sich zumeist auf die alten polnischen Ostgebiete spezialisiert haben. Zumindest was den polnischen Markt betrifft, ist die Situation als gut einzustufen. Auch die zahlreichen, im Verlauf der Untersuchung vor Ort angetroffenen polnischen Touristengruppen bestätigen diese These.

Führt man eine ähnliche Suche für den deutschen Markt durch, etwa durch Eingabe der Suchworte: „Kam"janec'–Podil's'kyj[55] und reise" so findet sich derzeit lediglich ein kleiner Berliner Studienreiseveranstalter, der von Černivci aus einen Tagesausflug nach Podillja durchführt. Für das ortsansässige Tourismusmanagement muss das heißen: Die Kontakte zu Reiseveranstaltern müssen ausgebaut werden, um zu erreichen, dass die Destination in deren Programme mit aufgenommen wird.

2.5 Zielgruppenmarketing und Marktsegmentierung

Zielgruppenmarketing und Marktsegmentierung sind Bereiche des strategischen Marketings, die in der Ukraine noch in den Kinderschuhen stecken. Diese sind nötig, um den Gesamtmarkt besser unterteilen zu können und somit für möglichst viele unterschiedliche Besuchergruppen ein maßgeschneidertes Angebot präsentieren zu können. Dieses Angebot soll die Folge haben, die Bedürfnisse der Besucher möglichst weitgehend zu erfüllen und so die Zufriedenheit der Kunden zu erhöhen.

Im städtischen Entwicklungsplan wird der gut gemeinte Versuch unternommen, die Besuchergruppen nach Alter und Herkunft zu strukturieren und diesen mögliche Aktivitäten zuzuordnen. Diese Einordnung erscheint dem Verfasser dieser Untersuchung wenig aussagekräftig und eher spekulativ, zumal viele der genannten Aktivitäten sich wiederholen. Der Programmpunkt: „Besuch der Burg" taucht im Prinzip bei allen Besuchergruppen auf. Dies wirft die

---

[55] hier sind mehrere Schreibweisen möglich.

kritische Frage auf: wo ist hier eigentlich noch die Segmentierung? Eingeteilt in sieben Hauptbesuchergruppen werden insgesamt 57 (!) Untergruppen potenzieller Besucher gezählt.[56]

Dabei werden sowohl soziodemographische Merkmale, als auch die geografische Herkunft mit aufgenommen. Allein im Bereich „Junge Leute" (Molod') finden sich 17 Untergruppen. Für eine wirkungsvolle Marktsegmentierung jedoch ist zu empfehlen, die Einteilung überschaubar zu halten. Eine vom Verfasser für sinnvoll erachtete Segmentierung könnte folgendermaßen aussehen:

- Kinder + Jugendlichengruppen (Schullandheime, Zeltlager),
  vorwiegend UA, evt. RU und MD

- Junge Erwachsene (Aktivtouristen) alle Länder

- Familien (gemischtes Programm) alle Länder

- Altersgruppe 50+ (Kulturtouristen) aus UA + GUS

- Altersgruppe 50+ (Kulturtouristen) aus Polen

- Altersgruppe 50+ (Kulturtouristen) aus Westeuropa

Diese Einteilung segmentiert den Markt in ausreichender Weise[57], um eine Grundlage zur Angebotsplanung zu erhalten.

---

[56]   Vgl. Mis"ka Rada Kam"jancja–Podil's'koho, Kompleksna Prohrama, S. 72ff.
[57]   Nach Meinung von Frau Dr. Klemm sind bereits das im Grunde schon zu viele Gruppen.

Fazit

Nach Abschluss der vorliegenden Untersuchung ist klar ersichtlich: Das Potenzial der Region ist einmalig, aber es wird noch zu wenig genutzt. Haupthindernisse sind, neben der schwachen Wirtschaftslage die schwach entwickelte Verkehrsinfrastruktur einerseits, und viel sowjetisches Denken insbesondere im Bereich des Dienstleistungssektors andererseits.

Folgende Schritte sind einzuleiten:

- Der Ausbau der Verkehrsinfrastruktur. Dabei besonders zu berücksichtigen ist das bislang ungenügende Angebot des Schienenverkehrs, insbesondere die fehlende Zugverbindung nach Černivci.

- Die Sanierung und Rekonstruktion der Altstadt ist weiterzuführen. Dabei besonders zu berücksichtigen sind soziale Aspekte für die ortsansässige Bevölkerung und die Wiedergewinnung der Zentrumsfunktion der Altstadt.

- Ausbau der touristischen Infrastruktur. Hierzu zählt im Falle der Ukraine insbesondere der Umbau des gesamten Tourismussektors für die Ansprüche von Individualtouristen. Auch hier sind soziale Aspekte in die Planung miteinzubeziehen, um zu gewährleisten, dass ein Aufenthalt in Kam"janec'-Podil's'kyj auch für den ukrainischen Normalbürger erschwinglich bleibt.

- Ausbau des touristischen Angebotes. Hierbei ist die Schaffung von Freizeitangeboten vonnöten, die regelmäßig und ohne Voranmeldung auch Individualtouristen zur Verfügung stehen. Entscheidend ist das Vorhandensein umfangreicher, mehrsprachiger Informationsmaterialien, die den Gästen kostenlos zu Verfügung gestellt werden.

- Schaffung einer Tourismuskonzeption für die Umgebung der Stadt, insbesondere die Tovtry-Region, den Dnisterstausee und das angrenzende, zum Bezirk Černivci zählende nördliche Bessarabien. Dabei sollte grüner Tourismus, Wassertourismus und Aktivtourismus im Vordergrund stehen.

- Aufbau von Kooperationsnetzwerken, die sowohl regionalen, überregionalen wie auch internationalen Charakter haben sollten. Als Beispiele für die genannten 3 Formen der Kooperation sind zu erwähnen: Tourismusverbände vor Ort, Werbegemeinschaften mit anderen ukrainischen Destinationen und Ausbau der internationalen Städtepartnerschaften mit den Zweck einer „institutionalisierten Ideenbörse" für den Tourismus.

- Einbeziehung westlicher Tourismusberater, die als externe Beobachter die Entwicklung vor Ort kritisch begleiten und somit Fehlentwicklungen vermeiden können. Deren Aufgabe wird es auch sein, für grundlegende touristische Leitbilder zu sorgen. Seitens der örtlichen Strukturen muss die Bereitschaft existieren, für solche Beratungstätigkeiten auch Geld zu investieren

- Nach Abschluss der infrastrukturellen Basisarbeit Schaffung eines professionellen Marketingkonzeptes.

Die politische Wende in der Ukraine vom Winter des Jahres 2004 zeigt, dass vieles im Umbruch ist. Eine Zivilgesellschaft ist im Entstehen, und ein allmählich zu verzeichnender Unternehmergeist lässt mit einigem Optimismus in die Zukunft blicken. Die Existenz des touristischen Entwicklungsplanes, wie auch die Gründung der beiden Tourismusverbände zeigt, dass ein Umdenken stattfindet. Wenn dies alles gelingt, so bestehen gute Chancen, dass Kam"janec'–Podil's'kyj einmal zu dem wird, was ihm von seinem Potenzial her zusteht:

Ein "Ukrainisches Rothenburg"

Das „Ukrainische Rothenburg" – eine Fotoserie

Und zum Schluss, auf den nun folgenden Seiten ein letzter Blick auf das touristische Potenzial der Region:

34   Die Kreuzerhöhungskirche am Fuße der Burg

35   Der Dnister bei Bakota

36   Das Žwančyk-Tal

37   Das Zbručtal

38   Die Stadtsilhouette

39   Tordurchfahrt des Stefan Batori-Turmes der alten Stadtmauer

40   Die Burg von Kam''janec'–Podil's'kyj im Abendlicht

Quellenverzeichnis

1.   Literatur[58]

Deržavna turystyčna administracija Ukrajiny (Hrsg.): Kam''janec'–Podil's'kyj, turystyčnyj putivnik, L'viv 2003

Deržavna turystyčna administrazija Ukrajiny (Hrsg.): Bukovyna turystyčna, Kyjiv 2005

Tatjana Garina: Russisch für Sie, München 1968

Monika Henningsen: Der Freizeit- und Fremdenverkehr in der (ehemaligen) Sowjetunion unter besonderer Berücksichtigung des baltischen Raumes, Frankfurt am Main, 1994

Günther Haedrich, Claude Kaspar, Kristiane Klemm, Edgar Kreilkamp (Hrsg): Tourismusmanagement, 3. Auflage, Berlin – New York 1998

Ernst Lüdemann: Ukraine, München 2001

Mis''ka Rada Kam''jancja–Podil's'koho (Hrsg.): Kompleksna Prohrama rosvit-ku turystyčnoji halusi mista Kamjancja–Podil's'koho, Kam''janec'–Po-dil's'kyj 2005 (Komplexes Programm zur Entwicklung der Tourismus-branche der Stadt Kamjanez–Podil's'kij)

---

[58] Bei der vorliegenden Untersuchung handelt es sich im wesentlichen um eine praktische Studie vor Ort, daher fällt die Liste der Literaturangaben etwas schmaler aus, als allgemein üblich.

2. Quellen aus dem Internet[59]:

www.bahn.de

www.castles.com.ua

www.dihk.com.ua

www.gites-de-france.fr

www.greentour.com.ua

www.intour.com.pl

www.tourism.gov.ua

www.tour-ost.nacht-wind.de

www.tovtry.km.ua

www.uz.gov.ua

www.wiesbaden-kamenez-podolski.de

3. Fotos

Alle aktuellen Fotos wurden vom Verfasser im Sommer 2005 angefertigt. Die beiden historischen Fotos entstammen einer, vor Ort erhältlichen polnischen Bilder-CD: „Kamieniec – Podolski, Fotoalbum", deren Autor nicht bekannt ist.

---

[59]   Alle angeführten Webseiten entsprechen dem Stand von Nov. – Dez. 2005.

Dr. Andreas Umland (Ed.)

SOVIET AND POST-SOVIET POLITICS AND SOCIETY

ISSN 1614-3515

This book series makes available, to the academic community and general public, affordable English-, German- and Russian-language scholarly studies of various *empirical* aspects of the recent history and current affairs of the former Soviet bloc. The series features narrowly focused research on a variety of phenomena in Central and Eastern Europe as well as Central Asia and the Caucasus. It highlights, in particular, so far understudied aspects of late Tsarist, Soviet, and post-Soviet political, social, economic and cultural history from 1905 until today. Topics covered within this focus are, among others, political extremism, the history of ideas, religious affairs, higher education, and human rights protection. In addition, the series covers selected aspects of post-Soviet transitions such as economic crisis, civil society formation, and constitutional reform.

SOVIET AND POST-SOVIET POLITICS AND SOCIETY

Edited by Dr. Andreas Umland

ISSN 1614-3515

1   *Андреас Умланд (ред.)*
    Воплощение Европейской конвенции по правам человека в России
    Философские, юридические и эмпирические исследования
    ISBN 3-89821-387-0

2   *Christian Wipperfürth*
    Russland – ein vertrauenswürdiger Partner?
    Grundlagen, Hintergründe und Praxis gegenwärtiger russischer Außenpolitik
    Mit einem Vorwort von Heinz Timmermann
    ISBN 3-89821-401-X

3   *Manja Hussner*
    Die Übernahme internationalen Rechts in die russische und deutsche Rechtsordnung
    Eine vergleichende Analyse zur Völkerrechtsfreundlichkeit der Verfassungen der Russländischen Föderation
    und der Bundesrepublik Deutschland
    Mit einem Vorwort von Rainer Arnold
    ISBN 3-89821-438-9

4   *Matthew Tejada*
    Bulgaria's Democratic Consolidation and the Kozloduy Nuclear Power Plant (KNPP)
    The Unattainability of Closure
    With a foreword by Richard J. Crampton
    ISBN 3-89821-439-7

5   *Марк Григорьевич Меерович*
    Квадратные метры, определяющие сознание
    Государственная жилищная политика в СССР. 1921 – 1941 гг
    ISBN 3-89821-474-5

6   *Andrei P. Tsygankov, Pavel A.Tsygankov (Eds.)*
    New Directions in Russian International Studies
    ISBN 3-89821-422-2

7   *Марк Григорьевич Меерович*
    Как власть народ к труду приучала
    Жилище в СССР – средство управления людьми. 1917 – 1941 гг.
    С предисловием Елены Осокиной
    ISBN 3-89821-495-8

8   *David J. Galbreath*
    Nation-Building and Minority Politics in Post-Socialist States
    Interests, Influence and Identities in Estonia and Latvia
    With a foreword by David J. Smith
    ISBN 3-89821-467-2

FORTHCOMING (MANUSCRIPT WORKING TITLES)

Rebbecca Katz
The Republic of Georgia
Post-Soviet Media Representations of Politics and Corruption
ISBN 3-89821-413-3

Laura Victoir
The Russian Land Estate Today
ISBN 3-89821-426-5

Stephanie Solowyda
Biography of Semen Frank
ISBN 3-89821-457-5

Margaret Dikovitskaya
Arguing with the Photographs
Russian Imperial Colonial Attitudes in Visual Culture
ISBN 3-89821-462-1

Stefan Ihrig
Welche Nation in welcher Geschichte?
Eigen- und Fremdbilder der nationalen Diskurse in der Historiographie und den Geschichtsbüchern in der Republik
Moldova, 1991-2003
ISBN 3-89821-466-4

Sergei M. Plekhanov
Russian Nationalism in the Age of Globalization
ISBN 3-89821-484-2

Михаил Лукянов
Российский консерватизм и реформа, 1905-1917
ISBN 3-89821-503-2

Robert Pyrah
Cultural Memory and Identity
Literature, Criticism and the Theatre in Lviv - Lwow - Lemberg, 1918-1939 and in post-Soviet Ukraine
ISBN 3-89821-505-9

Dmitrij Chmelnizki
Die Architektur Stalins
Ideologie und Stil 1929-1960
ISBN 3-89821-515-6

Andrei Rogatchevski
The National-Bolshevik Party
ISBN 3-89821-532-6

Zenon Victor Wasyliw
Soviet Culture in the Ukrainian Village
The Transformation of Everyday Life and Values, 1921-1928
ISBN 3-89821-536-9

Nele Sass
Das gegenkulturelle Milieu im postsowjetischen Russland
ISBN 3-89821-543-1

Series Subscription

Please enter my subscription to the series *Soviet and Post-Soviet Politics and Society*, ISSN 1614-3515, as follows:

❏ complete series   OR   ❏ English-language titles
                                       ❏ German-language titles
                                       ❏ Russian-language titles

starting with
❏ volume # 1
❏ volume # ___
   ❏ please also include the following volumes: #___, ___, ___, ___, ___, ___, ___
❏ the next volume being published
   ❏ please also include the following volumes: #___, ___, ___, ___, ___, ___, ___

❏ 1 copy per volume   OR   ❏ ___ copies per volume

Subscription within Germany:

You will receive every volume at 1st publication at the regular bookseller's price – incl. s & h and VAT.
Payment:
❏ Please bill me for every volume.
❏ Lastschriftverfahren: Ich/wir ermächtige(n) Sie hiermit widerruflich, den Rechnungsbetrag je Band von meinem/unserem folgendem Konto einzuziehen.

Kontoinhaber: _____ Kreditinstitut: _____
Kontonummer: _____ Bankleitzahl: _____

International Subscription:

Payment (incl. s & h and VAT) in advance for
❏ 10 volumes/copies (€ 319,80)   ❏ 20 volumes/copies (€ 599,80)
❏ 40 volumes/copies (€ 1.099,80)
Please send my books to:

NAME_____ DEPARTMENT_____
ADDRESS _____
POST/ZIP CODE_____ COUNTRY _____
TELEPHONE _____ EMAIL_____

date/signature_____

A hint for librarians in the former Soviet Union: Your academic library might be eligible to receive free-of-cost scholarly literature from Germany via the German Research Foundation. For Russian-language information on this program, see
   http://www.dfg.de/forschungsfoerderung/formulare/download/12_54.pdf.

Please fax to: **0511 / 262 2201 (+49 511 262 2201)**
or mail to: *ibidem*-Verlag, Julius-Leber-Weg 11, D-30457 Hannover,Germany
or send an e-mail: ibidem@ibidem-verlag.de

***ibidem*-**Verlag
Melchiorstr. 15
D-70439 Stuttgart

info@ibidem-verlag.de

www.ibidem-verlag.de
www.edition-noema.de
www.autorenbetreuung.de

www.ingramcontent.com/pod-product-compliance
Lightning Source LLC
Chambersburg PA
CBHW061741270326
41928CB00011B/2334